兰州财经大学省级重点学科（公共管理学科）建设经费　　　资助
兰州财经大学专项科研经费

陈　冲◎著

中国农村居民
消费行为研究

The Research of
Chinese Rural Residents' Consumption Behaviors

中国财经出版传媒集团

经济科学出版社
Economic Science Press

图书在版编目（CIP）数据

中国农村居民消费行为研究／陈冲著．—北京：
经济科学出版社，2022.1
ISBN 978 - 7 - 5218 - 3423 - 9

Ⅰ. ①中⋯　Ⅱ. ①陈⋯　Ⅲ. ①农村－居民消费－消费
者行为论－研究－中国　Ⅳ. ①F126.1

中国版本图书馆 CIP 数据核字（2022）第 025614 号

责任编辑：杜　鹏　刘　悦
责任校对：王苗苗
责任印制：邱　天

中国农村居民消费行为研究

陈　冲　著

经济科学出版社出版、发行　新华书店经销
社址：北京市海淀区阜成路甲 28 号　邮编：100142
编辑部电话：010 - 88191441　发行部电话：010 - 88191522
网址：www. esp. com. cn
电子邮箱：esp_bj@ 163. com
天猫网店：经济科学出版社旗舰店
网址：http：//jjkxcbs. tmall. com
北京时捷印刷有限公司印装
710 × 1000　16 开　10. 25 印张　160000 字
2022 年 2 月第 1 版　2022 年 2 月第 1 次印刷
ISBN 978 - 7 - 5218 - 3423 - 9　定价：59. 00 元
（图书出现印装问题，本社负责调换。电话：010 - 88191510）
（版权所有　侵权必究　打击盗版　举报热线：010 - 88191661
QQ：2242791300　营销中心电话：010 - 88191537
电子邮箱：dbts@ esp. com. cn）

前　言

改革开放以来，中国经济取得了举世瞩目的成绩。然而，消费作为拉动经济增长的"三驾马车"之一，表现差强人意，我国经济增长主要依赖投资和出口，居民最终消费率及其对经济增长贡献率低于欧美发达国家。究其原因，占我国总人口相当比重的农村居民消费水平偏低是主要因素。启动农村消费市场对于发挥消费对经济发展的"压舱石"作用及实现经济高质量发展具有重要意义。然而面对农村消费市场长期相对低迷，学术界一直没有给出一个全面的解释，尤其是面对改革开放以来我国农村居民人均纯收入平均每年8%以上的增长速度，为何消费水平没有与收入同步增长？是什么因素影响了农村居民的消费行为？为了回答这一问题，本书综合了笔者从2010年以来开始关注我国农村居民消费问题的主要研究成果，这些成果先后发表于《经济科学》《农业技术经济》《经济体制改革》《西北农林科技大学学报》(社科版)以及《天府新论》《兰州财经大学学报》等学术期刊。具体的研究包括以下内容。

第1章描述了改革开放以来我国农村居民消费行为的总体特征，然后利用扩展线性支出系统（extended linear expenditure system）从静态分析和动态比较两个维度考察我农村居民的消费结构特征。这些内容为本书后续章节的撰写提供了现实依据。第2章考虑到我国农村居民受到不确定性、低收入、流动性约束、社会保障资源不足等因素的影响，其消费支出路径并不平滑，而是具有明显的"短视性""阶段性""谨慎性"特征，由此提出我国农村居民的消费路径呈现非均衡性的"锯齿状"。第3章以平均消费倾向构建的总消费模型为基础，探讨了城乡收入差距对居民消费需求的影响。第 4 章关注了社会保障支出与农村居民消费之间的关系。在理论诠释社会保障支出对居民消费影响效应的基础上，运用协整和误差修正模型实证检验两者的具体关系。第 5 章以生命周期假说理论为出发点，在明确人口结构变动对居民消费影响的基础上，利用省级辖区的面板数据对我国农村人口变动对其消费的影响进行了实证检验。第 6 章严格从不确定性的定义出发，选择"预期收入离差率"这一指标来衡量农村居民的收入不确定性，然后从不确定性程度、不确定性方向和不确定性心理状态三个维度来考察收入不确定性对我国农村居民消费行为的具体影响。第 7 章在第 6 章度量收入不确定性方法的基础上，区分出"优于预期"的正向不确定性和"劣于预期"的负向不确定性，然后通过面板数据实证检验了不确定性对我国农村居民消费行为的非对称性影响。第 8 章利用我国省级辖区的面板数据，首先对农村居民收入来源、支出类型的结构性变化进行了统计性描述；其次比较分析了农村居民收入结构对其消费水平和消费支出结构的具体影响。第 9 章综合经典收入假说消费理论主要思想，构建农村居民收入质量属性度量体系，从收入质量层面实证检验了收入因素对我国农村居民消费行为的具体影响。

本书的出版过程中，硕士研究生杨华秀、刘达分别参与第 3 章和第 7 章内容的撰写、数据收集和校审工作，李灿参与全书的编排工作，在此表示感谢。由于个人学识和水平有限，书中难免会有疏漏的地方，恳请各位同仁和读者批评指正。

陈 冲

2022 年 1 月

目　　录

第1章　中国农村居民的消费行为特征分析 *

本章首先描述了改革开放以来我国农村居民消费行为的总体特征；其次利用扩展线性支出系统（extended linear expenditure system）从静态分析和动态比较两个维度来考察农村居民的消费结构特征。

1.1　农村居民消费行为的总体特征分析

1.1.1　农村居民消费水平的整体变动情况

居民消费水平是指居民在物质产品和劳务的消费过程中，对满足人们生存、发展和享受需要方面所达到的程度，通常是以货币购买力度量的用于消费的物质产品和劳务的数量与质量反映出来。改革开放 40 多年时间里，我国

---

* 节选自博士论文《不确定性条件下中国农村居民的消费行为研究》（2012 年）部分章节内容，作者对部分内容进行了修订。

农村居民人均消费水平的绝对量有了较大提升①，名义值从 1978 年的 116.10
元增加到 2019 年的 13327.70 元，增长了 113.80 倍，年平均增长 12.26%；
扣除价格因素，实际值从 1978 年的 116.10 元（以 1978 年为基期）增加到
2019 年的 2098.91 元，增长了 17.08 倍，年平均增长 7.14%（见表 1.1）。进
一步观察会发现，各年的增长速度差异较大，并且呈现出了明显的阶段性特
征。由于实际增长率更能反映出农村居民消费水平变动的真实情况，据此划
分为以下六个阶段。

表 1.1　　　　　　　　1978～2019 年我国农村居民的消费支出情况

年份	名义人均消费水平		实际人均消费水平	
	名义消费支出（元）	名义增长率（%）	实际消费支出（元）	实际增长率（%）
1978	116.10	—	116.10	—
1979	134.50	15.85	132.79	14.37
1980	162.20	20.59	151.07	13.77
1981	190.80	17.63	173.54	14.88
1982	220.20	15.41	196.55	13.26
1983	248.30	12.76	218.35	11.09
1984	273.80	10.27	234.22	7.27
1985	317.40	15.92	252.34	7.74
1986	357.00	12.48	267.50	6.01
1987	398.30	11.57	281.03	5.06
1988	476.70	19.68	286.25	1.86
1989	535.40	12.31	269.49	-5.86
1990	584.60	9.19	281.58	4.49
1991	619.80	6.02	291.82	3.64
1992	659.00	6.32	296.35	1.55
1993	769.70	16.80	304.43	2.72

---

①　农村居民的消费支出是指用于满足家庭日常生活消费需要的全部支出，既包括现金消费支
出，也包括实物消费支出。消费支出可划分为食品烟酒、衣着、居住、生活用品及服务、交通和通
信、教育文化娱乐、医疗保健以及其他用品及服务八大类。

续表

年份	名义人均消费水平		实际人均消费水平	
	名义消费支出（元）	名义增长率（%）	实际消费支出（元）	实际增长率（%）
1994	1016.80	32.10	325.90	7.05
1995	1310.40	28.87	357.45	9.68
1996	1572.10	19.97	397.44	11.19
1997	1617.20	2.87	398.87	0.36
1998	1590.30	−1.66	396.19	−0.67
1999	1577.40	−0.81	398.96	0.70
2000	1714.30	8.68	434.02	8.79
2001	1803.20	5.19	452.91	4.35
2002	1917.10	6.32	483.45	6.74
2003	2049.60	6.91	508.72	5.23
2004	2326.50	13.51	551.00	8.31
2005	2748.80	18.15	637.00	15.61
2006	3072.30	11.77	701.45	10.12
2007	3535.50	15.08	765.85	9.18
2008	4054.00	14.67	824.57	7.67
2009	4464.20	10.12	910.73	10.45
2010	4944.80	10.77	973.39	6.88
2011	5892.00	19.16	1096.64	12.66
2012	6667.10	13.16	1210.64	10.40
2013	7485.10	12.27	1322.16	9.21
2014	8382.60	11.99	1454.51	10.01
2015	9222.60	10.02	1579.73	8.61
2016	10129.80	9.84	1702.77	7.79
2017	10954.50	8.14	1817.76	6.75
2018	12124.30	10.68	1970.50	8.40
2019	13327.70	9.93	2098.91	6.52

　　资料来源：根据 1979 ~ 2019 年《中国统计年鉴》整理。实际人均消费水平是以 1978 年为基期，利用农村居民消费价格指数进行了调整。由于 1978 ~ 1986 年农村居民的消费价格指数不可得，这些年份利用全国零售商品的价格指数进行了替代。

1.1.1.1 快速增长阶段（1979～1983 年）

这一阶段我国主要是以农村为导向进行经济体制改革。在农村地区，家庭联产承包责任制的推行，极大地调动了农村居民生产积极性，促进了劳动生产率和土地生产率的提高，农村产业结构和工农产品比价的调整，使农村居民收入快速增长，消费需求迅速扩大，消费水平明显提高。农村居民人均消费水平的实际值从 1978 年的 116.10 元增长到 1983 年的 218.35 元，平均每年增长率达到 13.47%。

1.1.1.2 平稳增长阶段（1984～1987 年）

在这一阶段，城市和工业经济得以迅速发展，我国经济体制改革和发展的重心开始由农村开始转向了城市，而农村和农业经济则相对平稳，农村居民的消费水平继续提高。由表 1.1 可以看出，这一时期农村居民人均消费水平的实际增长率最高为 1985 年的 7.74%，最低为 1987 年的 5.06%，人均实际消费支出从 1984 年的 234.22 元增长到 1987 年的 281.03 元，平均每年增长 4.66%。

1.1.1.3 缓慢增长阶段（1988～1993 年）

在这一阶段，由于国家采取了宏观收紧政策，市场出现疲软，再加上 1991 年发生的特大洪涝灾害，农村经济的发展受到影响，农村居民消费需求规模的增长和消费水平的提高相对缓慢，1989 年甚至还出现了实际消费水平的负增长。当然这与该年农村居民实际收入水平的负增长是密切联系的（1989 年农村居民人均纯收入的实际增长率为 -7.48%）。此阶段农村居民人均实际消费支出从 1988 年的 286.25 元增长到 1993 年的 304.43 元，平均每年的增长速度仅为 1.55%。

1.1.1.4 恢复增长阶段（1994～1996 年）

这段时期农村居民消费支出较快增长的主要因素来源于农业的产出增加、

国家大幅度提高农产品收购价格和乡镇企业快速发展。据统计,这一期间农业产业增加值年平均增长 4.5%,1994 年和 1996 年农产品收购价格分别提高了 39.9% 和 22.2%,同时乡镇企业吸纳了 3000 多万名农村剩余劳动力,农村居民的收入水平不仅较快增长,而且收入来源更加多元化。收入的增长推动了农村居民消费水平的提高,人均实际消费支出从 1994 年的 325.90 元增长到 1996 年的 397.44 元,平均每年的增长速度达到了 10.43%。

1.1.1.5　停滞增长阶段（1997~1999 年）

这段时期农村居民消费水平的增长幅度为改革开放以来历史最低点,3 年中农村居民人均消费支出的实际增长率分别为 0.36%、- 0.67% 和 0.70%,人均实际消费支出从 1997 年的 398.87 元增长到 1996 年的 398.96 元,绝对量上基本持平,基本没有什么变化。出现这样的现象主要源于东南亚金融危机对我国宏观经济形势的影响以及 1998 年的特大洪涝灾害,农村居民消费水平的增长呈现出相对停滞增长的状况。

1.1.1.6　持续增长阶段（2000~2019 年）

在这一阶段,政府对“三农问题”更加重视,进一步深化农村经济体制改革,加快农村劳动力向异地和非农产业流动,特别是 2004 年以后,农业税的取消、真正义务教育的实现、农村合作医疗的推广、新农合的试点以及农机购置补贴、良种补贴和“家电下乡”、新农村建设、脱贫攻坚等惠农政策的实施,有力促进了农村经济发展和农村居民收入水平的提高,其消费水平也得以持续性的较快增长,尤其是 2005 年、2006 年、2009 年、2011 年、2012 年和 2014 年,增长速度甚至突破两位数。农村居民人均实际消费支出从 2000 年的 434.02 元增长到 2019 年的 2098.91 元,平均每年增长达到了 8.65%。

1.1.2　农村居民消费倾向的变化趋势分析

消费倾向又称平均消费倾向,是指消费支出在收入中所占的比例,如用公式表示则是：APC = C/Y，其中，APC 表示平均消费倾向；C 表示居民消费支出；Y 表示居民可支配收入。平均消费倾向反映了一定时期内居民的一单位收入中用于消费的比例。

图 1.1 显示了改革开放以来我国农村居民的平均消费倾向变化趋势，可以看出，农村居民的平均消费倾向在波动中呈现出下降趋势，即从 1978 年的 0.8692 下降到 2009 年的 0.7750。进一步观察可以将整个趋势变化划分为四个阶段：第一阶段为 1978～1984 年，平均消费倾向呈快速下降趋势，从 1978 年的 0.8692 下降到 1984 年的 0.7706；第二阶段为 1985～1989 年，平均消费倾向呈增长态势，从 1985 年的 0.7983 增长到历史最高点 1989 年的 0.8901；第三阶段为 1990～1999 年，平均消费倾向又呈现下降趋势，从 1990 年的 0.8518 下降到历史最低点 1999 年的 0.7136；第四阶段为 2000～2019 年，平均消费倾向再次整体呈现上升趋势（2010～2012 年有所下降），从 2000 年的 0.7411 上升到 2019 年的 0.8319。

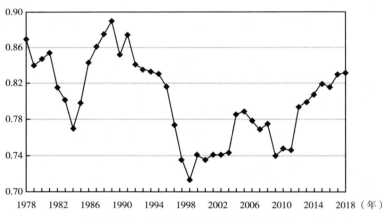

图 1.1　农村居民平均消费倾向趋势

回顾我国农村地区的经济发展历程不难发现：1978～1984 年的下降阶段时逢家庭联产承包责任制的初期，从 1978 年的开始试行到 1984 年的正式确定推广，农村居民的生产积极得以极大提高，居民收入水平显著增长（原来的基数较小），但是这一时期市场中商品短缺现象较为严重，尤其是农村市场，很多消费不能满足。分母收入 Y 的显著增加与分子消费水平 C 的变化不明显最终致使消费倾向 APC 在这一阶段呈现下降趋势。1985 ~ 1989 年，农村消费市场商品短缺的现象有所缓解，长期压抑的消费欲望得以释放，与此同时，农副产品大幅提价进一步加快了农村居民名义收入的增长速度，货币幻觉与消费惯性使农村居民的消费增量大于收入增量，消费倾向呈现增长趋势[①]。1990 ~ 1999 年，农村居民消费倾向的再次下降与这段时期农村居民的不确定性感受明显增强有关，1991 年和 1998 年的特大洪涝灾害、1994 年出现了改革开放以来最严重的通货膨胀[②]、高等教育的收费制改革、医疗的市场化改革，加之社会保障缺乏，而且各项税费种类繁多、税额较大，这些因素最终导致了农村居民储蓄多、消费少，消费倾向下滑。2000 ~ 2009 年，消费倾向的重现上升态势则与这段时期政府对"三农"问题的重视和各项惠农政策的实施有关，农业税的减免、真正意义上义务教育的实施、"家电下乡"的开展、种粮补贴力度的加大，加之农村合作医疗的逐步完善和推广、新农合的试行、新农村建设、脱贫攻坚等，一定程度上增加了农村居民收入，刺激了农村居民消费的增长。

1.2　农村居民消费行为的结构特征分析

农村居民的消费结构是由收入水平、消费品价格、消费品类别等因素共同决定的，定量分析农村居民的消费结构是一个较为复杂的过程。本章节在理论解释扩展的线性支出系统模型（extended linear expenditure system,

---

① 臧旭恒. 居民资产与消费选择行为分析 [M]. 上海：上海人民出版社，2001.

② 从改革开放到现在，我国在 1985 年、1988 年、1989 年、1993 年、1994 年和 1995 年都经历了通货膨胀率大于 9% 的较为严重的通货膨胀。其中又以 1994 年的通货膨胀率最高，达到了 24.1%。

ELES）的基础上，利用《中国统计年鉴》中农村居民的相关消费支出数据，对农村居民的消费结构进行静态分析和动态比较分析。

1.2.1　扩展线性支出系统

扩展线性支出系统是在线性支出系统（linear expenditure system，LES）基础之上衍生而来的。1954 年英国计量经济学家施托雷（Store）利用柯布道格拉斯函数最先提出了线性支出系统（LES），该系统是一个联立方程组，并且建立在三个基本假定之上，即：（1）在某一特定时期内，消费者对各种消费品的需求状况取决于其收入水平和消费品的价格水平；（2）对消费者而言，每类消费品的需求被划分为基本需求和非基本需求两个部分；（3）各类消费品的边际消费份额对于每个消费者来说都是相同的[①]。具体数学表达式如下：

$$P_i Q_i = P_i Q_i^o + c_i \left(C - \sum_{j=1}^{n} P_j Q_j^o \right) \quad i,j = 1,2,\cdots,n \quad (1.1)$$

其中，$P_i Q_i$ 表示消费者对第 i 类商品的消费支出；$P_i Q_i^o$ 表示消费者对第 i 类商品的基本消费支出；c_i 为边际预算份额，$0 < c_i < 1$，反映了消费者对第 i 类商品的非基本消费支出占总非基本消费支出中的比重；C 表示消费总支出；n 表示消费的商品种类；$\sum_{j=1}^{n} P_j Q_j^o$ 表示各类商品非基本消费支出的总和。

由于线性支出系统假定总支出 C 为外生变量，这不仅有悖逻辑常理[②]，而且使系统的估计难度增大。为此，1973 年路迟（Liuch）对线性支出系统进行了两处修改：一是用消费者的总收入（用 I 表示）来替代总支出 C；二是用边际消费倾向（用 b_i 表示）来代替边际预算份额 c_i。这样，扩展线性

---

① 朱向东. 中国农村居民消费与市场［M］. 北京：中国统计出版社，2000.
② 实际中消费者不是先确定总支出然后再决定购买商品，而是先购买商品然后得出总支出。

支出系统表达式为：

$$P_i Q_i = P_i Q_i^0 + b_i \left(I - \sum_{j=1}^{n} P_j Q_j^0 \right) \quad i,j = 1,2,\cdots,n \tag{1.2}$$

在具体应用中，还需对式（1.2）进行变形，即：

$$P_i Q_i = \left(P_i Q_i^0 - b_i \sum_{j=1}^{n} P_j Q_j^0 \right) + b_i I \quad i,j = 1,2,\cdots,n \tag{1.3}$$

在采用截面数据进行消费支出结构分析时，可以假定消费品的价格是相同的，那么式（1.3）中的 $P_i Q_i^0 - b_i \sum_{j=1}^{n} P_j Q_j^0$ 是一项只与商品类别 i 相关的常数，令：

$$\alpha_i = P_i Q_i^0 - b_i \sum_{j=1}^{n} P_j Q_j^0 \tag{1.4}$$

则有：

$$P_i Q_i = \alpha_i + b_i I \quad i,j = 1,2,\cdots,n \tag{1.5}$$

利用最小二乘法就可以求出式（1.4）中 α_i 和 b_i，同时进一步对式（1.4）两边求和，可得：

$$\sum_{i=1}^{n} \alpha_i = \left(1 - \sum_{i=1}^{n} b_i \right) \times \sum_{i=1}^{n} P_i Q_i^0$$

因而基本消费支出为：

$$\sum_{i=1}^{n} P_i Q_i^0 = \sum_{i=1}^{n} \alpha_i \bigg/ \left(1 - \sum_{i=1}^{n} b_i \right) \tag{1.6}$$

再将式（1.6）代入式（1.4）中，即可得消费者对第 i 类商品的基本消费支出：

$$P_i Q_i^0 = \alpha_i + b_i \times \sum_{i=1}^{n} \alpha_i \bigg/ \left(1 - \sum_{i=1}^{n} b_i \right)$$

1.2.2　农村居民消费结构的静态分析

1.2.2.1　数据与估计结果

2020 年《中国统计年鉴》提供了我国 31 个省级辖区农村居民人均纯收入和其消费支出结构的横截面数据，其中，消费支出类型被划分为食品、衣着、居住、生活用品及服务、交通和通信、教育文化娱乐、医疗保健和其他商品及服务共八大类。假定商品价格对不同消费者来说是相同的，根据消费支出函数：

$$P_i Q_i = \alpha_i + b_i I$$

其中，$P_i Q_i$ 表示消费者对第 i 类商品的消费支出；I 表示消费者的总收入；α_i 和 b_i 为待估参数。采用最小二乘法即可得各参数的估计值，如表 1.2 所示，各类消费支出解释变量的系数值均通过了 1% 显著性水平，系数符号符合预期，并且拟合优度 R^2 较高。根据表 1.2 中的估计结果，可得：$\sum_{i=1}^{n} \alpha_i = 2170.5762$；$\sum_{i=1}^{n} b_i = 0.6017$。

表 1.2　　　　　　2019 年农村居民消费支出 ELES 模型参数估计结果

支出类型	α_i	b_i	R^2	S. E	F 统计量
食品	1067.1522 *** (3.5266)	0.1568 *** (9.8563)	0.8956	156.9012	89.8652
衣着	105.1145 (1.4563)	0.0399 *** (5.7563)	0.8512	87.4423	77.0021
居住	405.5523 (1.5638)	0.1421 *** (6.5596)	0.8023	199.5239	75.5632
生活用品及服务	1233.6522 ** (1.8520)	0.0326 *** (13.5023)	0.8723	65.5233	112.1152

续表

支出类型	α_i	b_i	R^2	S. E	F 统计量
交通和通信	157. 1125 *** （4. 0238）	0. 0907 *** （13. 4425）	0. 8964	56. 8574	213. 8855
教育文化娱乐	182. 4523 ** （3. 2571）	0. 0684 *** （8. 8536）	0. 8210	110. 8563	96. 2389
医疗保健	104. 4250 （0. 7852）	0. 0577 *** （5. 8923）	0. 7425	98. 3352	85. 5203
其他商品及服务	25. 1152 ** （2. 0245）	0. 0135 *** （7. 2501）	0. 8541	41. 1023	90. 5263
合计	2170. 5762	0. 6017			

注：括号中为 t 值；*** 和 ** 分别表示通过 1% 和 5% 的显著性水平。

1.2.2.2　模型估计结果的分析

（1）边际消费倾向分析。边际消费倾向是指居民新增的每单位收入中用于增加消费支出的份额，它能反映出居民各类消费需求的顺序和新增购买力的投向，是进行产业结构调整和产品结构调整所依据的基本指标。表 1.2 第二列给出了我国农村居民的总体边际消费倾向和各类消费品的边际消费倾向。可以看出，2019 年我国农村居民总体消费的边际消费倾向为 0.5785，这说明，在其他条件不变的情况下，2019 年我国农村居民每新增纯收入 100 元，就会带来生活消费支出增加 57.85 元。各类消费品的边际消费倾向按照从高到低依次为：食品（0.1568）、居住（0.1421）、交通和通信（0.0907）、教育文化娱乐（0.0684）、医疗保健（0.0577）、衣着（0.0399）、生活用品及服务（0.0326）和其他商品及服务（0.0135）。边际消费倾向的这一顺序结果说明，当前我国农村居民新增购买力主要投向食品和居住，交通和通信、教育文化娱乐的需求欲望较为强烈，医疗保健、衣着、生活用品及服务和其他商品及服务的边际消费倾向低，可以反映出当前农村居民的消费支出依然以生存性消费为主。

（2）各类商品的基本消费支出分析。居民的基本消费支出是指为了保障再生产，在一定的社会经济水平下，居民维持其基本的生活而必需的消费支出。其计算公式为：

$$P_i Q_i^0 = \alpha_i + b_i \times \sum_{i=1}^{n} \alpha_i \Big/ \left(1 - \sum_{i=1}^{n} b_i \right)$$

同样依据表 1.2 中的估计结果，可以计算出我国农村居民对各类消费品的基本消费支出情况，具体计算结果如表 1.3 所示。由表中数据可知，2019年我国农村居民基本消费支出为 5449.61 元，占实际平均消费水平的40.89%。从消费结构来看，无论是基本消费结构还是实际消费结构，食品和居住消费所占比重最大，分别为 30.00% 和 35.26%，进一步证实处在基本消费水平的农村居民消费层次结构相对较低。

表 1.3　　2019 年各项消费的基本需求支出与实际消费支出的比较

类　别	食品	衣着	居住	生活用品服务	交通和通信	文教娱乐	医疗保健	其他
实际平均消费（元）	3998.20	713.30	2871.30	763.90	1836.80	1481.80	1137.90	236.00
基本消费支出（元）	1921.65	322.55	1179.94	301.31	651.39	555.21	418.86	98.69
基本消费占实际消费的比重（%）	48.06	45.22	41.09	39.44	35.46	37.47	36.81	41.82
实际消费结构（%）	30.00	5.35	21.54	5.73	13.78	11.12	8.54	1.77
基本消费结构（%）	35.26	5.92	21.65	5.53	11.95	10.19	7.69	1.81

（3）需求收入弹性与需求价格弹性分析。经济学上的弹性概念最早是由阿尔弗莱德·马歇尔提出的，是指一个变量相对于另一个变量发生的一定比例改变的属性。其中，需求的收入弹性是指在影响需求的其他因素不变的条件下，收入变动百分之一将引起需求变动百分之几；需求的价格弹性则是指在影响需求的其他因素不变的条件下，价格变动百分之一将引起需求变动百分之几。根据弹性的定义，并结合式（1.5），可得收入弹性和价格弹性的计算公式。

需求收入弹性：$E_i = \dfrac{\partial q_i}{\partial Y} \times \dfrac{Y}{q_i} = b_i \times \dfrac{I}{V_i}$

$$需求价格弹性：E_p = \frac{\partial q_i}{\partial P_i} \times \frac{P_i}{q_i} = (1 - b_i) \times \frac{P_iQ_i^0}{V_i} - 1$$

其中，I 表示消费者的人均可支配收入；V_i 表示消费者对第 i 类消费品的平均支出；$P_iQ_i^0$ 表示消费者对第 i 类商品的基本消费支出。根据表 1.3 中的估计结果，可以计算出 2019 年我国农村居民对各类消费品的需求收入弹性和需求价格弹性，具体结果如表 1.4 所示。

表 1.4　　　　　　2019 年我国农村居民需求收入弹性与需求价格弹性

类别	食品	衣着	居住	生活用品服务	交通和通信	文教娱乐	医疗保健	其他
需求收入弹性	0.62	0.90	0.79	0.68	0.79	0.74	0.81	0.92
需求价格弹性	-0.59	-0.57	-0.65	-0.62	-0.68	-0.65	-0.65	-0.59

需求的收入弹性反映了各类消费需求对收入变动的敏感程度，具体指居民收入每变动 1%，在其他条件不变的条件下，所引起的商品需求量变动对额百分比。当收入弹性介于 0 ~ 1 时，说明该商品的需求量会随居民收入额增加而增加，但需求的增长幅度低于收入的增长幅度；当收入弹性大于 1 时，需求量同样会随着收入增加而增加，且收入增幅大于需求的增幅。通常认为收入弹性高说明居民对该项消费的需求比较旺盛。由表 1.4 可以看出，各类商品的收入弹性均小于 1，说明当前各类商品需求的增长幅度低于收入的增长幅度。相比较而言，衣着（0.90）、医疗保健（0.81）、交通和通信（0.79）和居住（0.79）的需求收入弹性接近 1，说明这些消费品需求的增长与农村居民纯收入的增长基本是同步的。食品（0.62）、生活用品及服务（0.68）的收入弹性相对较小，这些都是农村居民的生活必需品，收入变动对它们需求的影响较小。

需求的价格弹性反映了各类消费需求对价格变动的敏感程度。表 1.4 显示出各类消费品的价格弹性均为负值，这符合经济学常理，当某类消费品的价格上涨时，往往由于收入效应和替代效用的影响，该类消费品的需求会下降。同时，一般来说，生活必需品满足的是消费者的生存需求，它们受价格的影响小，需求价格弹性（绝对值）也较小，而非生活必需品的价格弹性（绝对值）一般较高。从 2019 年农村居民的消费价格弹性来看，价格弹性（绝对值）较小的消费品为食品（0.59）、衣着（0.57）和其他商品及服务（0.59），这些均属生活必需品，其他消费品的价格弹性相对较大。

1.2.3　农村居民消费结构的动态比较分析

在对 2019 年我国农村居民的消费结构进行静态分析的基础上，进一步再选取 1993 年、2000 年和 2009 年的数据，利用 ELES 模型的估计结果进行动态比较分析。其中，由于在《中国统计年鉴》中 1993 年之前的农村居民生活消费支出被划分为食品支出、衣着支出、住房支出、燃料和用品支出及其他支出共五类，这与 1993 年之后（包括 1993 年）各年《中国统计年鉴》的划分有差别，前后没有可比性，因而最早年份只能选取到 1993 年。各年具体的回归结果如表 1.5 所示。

表 1.5　代表性年份农村居民消费支出的 ELES 模型参数估计结果

年份	支出类型	α_i	b_i	R^2	S. E	F 统计量
1993	食品	170.8211 *** (7.6594)	0.2915 *** (14.5385)	0.8830	51.3961	211.3673
	衣着	11.9494 (1.6174)	0.0499 *** (7.5199)	0.6688	17.0261	56.5491
	居住	−8.0026 (−0.6435)	0.1215 *** (10.8698)	0.8084	28.6612	118.1516
	生活用品及服务	−38.3154 *** (−4.9537)	0.0887 *** (12.7572)	0.8532	17.8249	162.7456
	交通和通信	−2.2714 *** (−3.7491)	0.0282 *** (12.6623)	0.8513	5.6990	160.3349
	教育文化娱乐	−1.2128 ** (−2.4446)	0.0806 *** (12.0286)	0.8379	17.1693	144.6860

续表

年份	支出类型	α_i	b_i	R^2	S. E	F 统计量
1993	医疗保健	9. 0076 ** (2. 5908)	0. 0188 *** (6. 0261)	0. 5646	8. 0122	36. 3141
	其他商品及服务	− 12. 7728 *** (− 4. 4166)	0. 0273 *** (10. 5020)	0. 7975	6. 6647	110. 2929
	合计	129. 2031	0. 7065			
2000	食品	274. 1500 *** (4. 0264)	0. 2406 *** (9. 2228)	0. 7457	148. 7448	85. 0593
	衣着	20. 0472 * (1. 7246)	0. 0350 *** (7. 8621)	0. 6807	25. 3943	61. 8130
	居住	− 11. 0822 ** (− 1. 9269)	0. 1287 *** (15. 0258)	0. 8862	48. 8419	225. 7746
	生活用品及服务	− 23. 8367 *** (− 3. 1050)	0. 0434 *** (14. 7568)	0. 8825	16. 7708	217. 7648
	交通和通信	− 8. 1105 *** (− 4. 1435)	0. 0603 *** (13. 1761)	0. 8569	26. 9471	173. 6106
	教育文化娱乐	− 5. 2391 * (− 1. 8676)	0. 0942 *** (13. 0726)	0. 8549	42. 3900	170. 8929
	医疗保健	− 14. 1568 (− 0. 8886)	0. 0465 *** (7. 6201)	0. 6669	34. 8056	58. 0658
	其他商品及服务	− 9. 1635 (− 1. 4250)	0. 0267 *** (10. 8394)	0. 8020	14. 0478	117. 4929
	合计	222. 6084	0. 6754			
2009	食品	440. 0322 *** (3. 8779)	0. 2259 *** (11. 9322)	0. 8309	247. 9042	142. 3778
	衣着	30. 6883 (1. 0009)	0. 0409 *** (8. 0678)	0. 6918	66. 4490	65. 0892
	居住	70. 3744 (0. 7340)	0. 1350 *** (8. 4375)	0. 7106	209. 4597	71. 1914
	生活用品及服务	12. 8700 (0. 6296)	0. 0358 *** (10. 4915)	0. 7915	44. 6605	110. 0714

续表

年份	支出类型	α_i	b_i	R^2	S. E	F 统计量
2009	交通和通信	-11.3564 *** (-3.0899)	0.0994 *** (16.5367)	0.9041	78.7359	273.4613
	教育文化娱乐	-18.3217 ** (-2.2206)	0.0656 *** (10.5187)	0.7923	106.5722	110.6421
	医疗保健	7.5198 (0.1316)	0.0560 *** (6.7690)	0.6124	108.3099	45.8198
	其他商品及服务	9.1419 (1.0168)	0.0142 *** (9.4537)	0.7550	19.6431	89.3728
	合计	540.9485	0.6628			
2019	食品	1067.1522 *** (3.5266)	0.1568 *** (9.8563)	0.8956	156.9012	89.8652
	衣着	105.1145 (1.4563)	0.0399 *** (5.7563)	0.8512	87.4423	77.0021
	居住	405.5523 (1.5638)	0.1421 *** (6.5596)	0.8023	199.5239	75.5632
	生活用品及服务	1233.6522 ** (1.8520)	0.0326 *** (13.5023)	0.8723	65.5233	112.1152
	交通和通信	157.1125 *** (4.0238)	0.0907 *** (13.4425)	0.8964	56.8574	213.8855
	教育文化娱乐	182.4523 ** (3.2571)	0.0684 *** (8.8536)	0.8210	110.8563	96.2389
	医疗保健	104.4250 (0.7852)	0.0577 *** (5.8923)	0.7425	98.3352	85.5203
	其他商品及服务	25.1152 ** (2.0245)	0.0135 *** (7.2501)	0.8541	41.1023	90.5263
	合计	2170.5762	0.6017			

注：括号中为 t 值；*** 和 ** 分别表示通过 1% 和 5% 的显著性水平。

从估计结果可以看出，各年各类消费品支出解释变量的系数值均通过了 1% 显著性水平，系数符号符合预期，并且拟合优度 R^2 较高，说明回归结果是有效、科学的。同时，在进行比较分析时，这里选取了边际消费倾向、基本消费支出和需求的收入弹性及价格弹性三个方面。具体比较结果如下。

（1）边际消费倾向的对比分析。表1.6给出了代表性年份农村居民的总体边际消费倾向和各类消费品的边际消费倾向。1993年、2000年、2009年和2019年我国农村居民的总体边际消费倾向分别为0.7065、0.6754、0.6628和0.6017，这就说明1993年农村居民新增纯收入中的70.65%用于生活消费支出；2000年农村居民新增纯收入中的67.54%用于生活消费支出；2009年农村居民新增纯收入中的66.28%用于生活消费支出；2019年农村居民新增纯收入中的60.17%用于生活消费支出，其余部分用于增加储蓄。整体而言，伴随着农村居民收入水平的增加，农村居民的边际消费倾向是递减的。

从各类消费品的边际消费倾向来看，1993年农村居民各类消费品的边际消费倾向按照从高到低依次为食品（0.2915）、居住（0.1215）、生活用品及服务（0.0887）、教育文化娱乐（0.0806）、衣着（0.0499）、交通和通信（0.0282）、其他商品及服务（0.0273）和医疗保健（0.0188）；2000年农村居民各类消费品的边际消费倾向按照从高到低依次为食品（0.2406）、居住（0.1287）、教育文化娱乐（0.0942）、交通和通信（0.0603）、医疗保健（0.0465）、生活用品及服务（0.0434）、衣着（0.0350）和其他商品及服务（0.0267）；2009年农村居民各类消费品的边际消费倾向按照从高到低依次为食品（0.2259）、居住（0.1350）、交通和通信（0.0994）、教育文化娱乐（0.0656）、医疗保健（0.0560）、衣着（0.0409）、生活用品及服务（0.0358）和其他商品及服务（0.0142）；2019年农村居民各类消费品的边际消费倾向按照从高到低依次为：食品（0.1568）、居住（0.1421）、交通和通信（0.0907）、教育文化娱乐（0.0684）、医疗保健（0.0577）、衣着（0.0399）、生活用品及服务（0.0326）和其他商品及服务（0.0135）。通过比较可以看出，我国农村居民传统的消费支出模式还没有彻底打破，其支出重点依然集中在食品和居住这两个满足基本生存需要的消费方面，并且居住的边际消费倾向还呈现上升趋势①。与此同时，一些享受型、发展型的消费品边际消费倾向在逐年提高，例如交通和通信、医疗保健。

表1.6　　　　　　　代表性年份我国农村居民的边际消费倾向

年份	总体	食品	衣着	居住	家庭设备服务	交通和通信	文教娱乐	医疗保健	其他
1993	0.7065	0.2915	0.0499	0.1215	0.0887	0.0282	0.0806	0.0188	0.0273
2000	0.6754	0.2406	0.0350	0.1287	0.0434	0.0603	0.0942	0.0465	0.0267
2009	0.6628	0.2259	0.0409	0.1350	0.0358	0.0994	0.0656	0.0560	0.0142
2019	0.6017	0.1568	0.0399	0.1421	0.0326	0.0907	0.0684	0.0577	0.0135

（2）基本消费支出及其构成的对比分析。表1.7给出了我国农村居民的基本消费支出及其构成情况。1993年、2000年、2009年和2019年我国农村居民基本消费支出分别为440.22元、685.79元、1604.24元和5449.61，呈现明显的上升趋势，一定程度上反映出农村居民的最低生活质量有了明显变化。从各类消费品基本消费支出的比重来看，食品支出的比重最大，1993年、2000年、2009年和2019年的比重依次为67.95%、64.04%、50.02%和35.26%，呈下降趋势，尤其是2019年较2009年有了较大幅度的下降；居住支出的比重仅次于食品支出，1993年、2000年、2009年和2019年的比重依次为10.33%、11.25%、17.89%和21.65%，呈上升趋势，比较可以看出，近10年增长明显；其他消费品类型中，生活用品及服务、交通通信、医疗保健和其他商品及服务的基本消费支出比重，整体也都呈现了上升趋势，并且几乎都在近10年的增长幅度较大。衣着支出的比重变化不明显，略有下降；文教、娱乐用品及服务的比重呈现一定的波动性，这与农村地区免除了义务教育阶段的学杂费、对教育的愈加重视等有关。

---

① 这一定程度上与我国农村社会的基本特征有关，在我国很多农村地区，受传统思想观念的影响，那些住房盖得奢华、漂亮的家庭往往被认为事业上是成功的，受人尊敬，并且子女婚嫁也比较顺利，因而农村居民收入提高之后往往先选择盖房子。

表 1.7　　　　代表性年份我国农村居民的基本消费支出及其构成

类别	1993 年		2000 年		2009 年		2019 年	
	基本消费支出（元）	基本消费支出构成（%）	基本消费支出（元）	基本消费支出构成（%）	基本消费支出（元）	基本消费支出构成（%）	基本消费支出（元）	基本消费支出构成（%）
食品	299.14	67.95	439.15	64.04	802.43	50.02	1921.65	35.26
衣着	33.92	7.70	44.05	6.42	96.30	6.00	322.55	5.92
居住	45.48	10.33	77.18	11.25	286.95	17.89	1179.94	21.65
生活用品及服务	0.73	0.17	5.93	0.86	70.30	4.38	301.31	5.53
交通和通信	10.14	2.30	33.24	4.85	132.06	8.23	651.39	11.95
教育文化娱乐	34.27	7.78	59.36	8.66	86.92	5.42	555.21	10.19
医疗保健	17.28	3.93	17.73	2.59	97.36	6.07	418.86	7.69
其他商品及服务	-0.75	-0.17	9.15	1.33	31.92	1.99	98.69	1.81
合计	440.22	100.00	685.79	100.00	1604.24	100.00	5449.61	100.00

　　（3）需求收入弹性与需求价格弹性的对比分析。表 1.8 给出了我国农村居民的需求收入弹性和需求价格弹性的具体情况。从 1993 年、2000 年、2009 年和 2019 年各年收入弹性的大小来看，农村居民的消费倾向是基本稳定的，即当农村居民纯收入增长以后，他们首先考虑的几乎都是非基本生存需求（除了居住），反映了农村居民在解决了温饱问题以后对更高层次消费需求的向往。从需求的价格弹性来看，1993 年农村居民的消费需求对价格反映较为敏感的是生活用品及服务和其他用品及服务；2000 年农村居民的消费需求对价格反映较为敏感的是生活用品及服务、医疗保健和其他用品及服务；2009 年农村居民的消费需求对价格反映较为敏感的是交通和通信、居住、医疗保健和生活用品及服务；2019 年农村居民的消费需求对价格反映较为敏感的是交通和通信、居住、文教娱乐和医疗保健。

表 1.8 代表性年份我国农村居民需求收入弹性与需求价格弹性

年份	类 别	食品	衣着	居住	生活用品服务	交通和通信	文教娱乐	医疗保健	其他
1993	需求收入弹性	0.60	0.83	1.05	1.83	1.49	1.27	0.64	1.93
	需求价格弹性	−0.53	−0.42	−0.63	−0.99	−0.43	−0.46	−0.38	−1.06
2000	需求收入弹性	0.66	0.82	1.12	1.30	1.46	1.14	1.20	1.15
	需求价格弹性	−0.59	−0.56	−0.74	−0.92	−0.66	−0.71	−0.81	−0.83
2009	需求收入弹性	0.71	0.91	0.86	0.90	1.14	0.99	1.00	0.87
	需求价格弹性	−0.62	−0.60	−0.69	−0.67	−0.70	−0.66	−0.68	−0.63
2019	需求收入弹性	0.62	0.90	0.79	0.68	0.79	0.74	0.81	0.92
	需求价格弹性	−0.59	−0.57	−0.65	−0.62	−0.68	−0.65	−0.65	−0.59

1.3 本章小结

从农村居民消费的总体特征来看：改革开放40多年时间里，我国农村居民人均消费水平的绝对量有了较大的提升，并经历了快速增长（1979～1983年）、平稳增长（1984～1987年）、缓慢增长（1988～1993年）、恢复增长（1994～1996年）、停滞增长（1997～1999年）和持续增长（2000～2019年）六个阶段，每个阶段的特征均与当时的国家政策、制度安排以及客观环境密切相关。同时农村居民的平均消费倾向整体城乡先下降后上升的趋势，从1978年的0.8692下降到1999年的0.7136后，又增长到2019年的0.8319。

从农村居民消费的结构特征来看：2019年的静态分析发现：（1）2019年我国农村居民总体消费的边际消费倾向为0.6017，各类消费品的边际消费倾向按照从高到低依次为：食品（0.1568）、居住（0.1421）、交通和通信

（0.0907）、教育文化娱乐（0.0684）、医疗保健（0.0577）、衣着（0.0399）、生活用品及服务（0.0326）和其他商品及服务（0.0135），边际消费倾向的这一顺序结果说明了当前我国农村居民新增购买力主要投向了食品和居住上，农村居民的消费支出依然停留在较低层次。（2）2019年我国农村居民基本消费支出为5449.61元，占实际平均消费水平的40.89%，并且无论是基本消费结构还是实际消费结构，食品和居住消费所占比重最大，进一步证实处在基本消费水平的农村居民消费层次结构相对较低。（3）2009年我国农村居民各类商品的收入弹性均小于1，说明当前各类商品需求的增长幅度低于收入的增长幅度。衣着、医疗保健、交通和通信和居住的需求收入弹性接近1，说明这些消费品需求的增长与农村居民纯收入的增长基本是同步的。食品和生活用品及服务的收入弹性相对较小，这些都是农村居民的生活必需品，收入变动对它们需求的影响较小。（4）从2019年农村居民的消费价格弹性来看，价格弹性（绝对值）较小的消费品为食品、衣着和其他商品及服务，这些均属生活必需品，其他消费品的价格弹性相对较大。

进一步对1993年、2000年、2009年和2019年进行动态比较分析发现：（1）1993年、2000年、2009年和2019年我国农村居民的总体边际消费倾向分别为0.7065、0.6754、0.6628和0.6017，整体而言，农村居民的边际消费倾向是递减的。从各类消费品边际消费倾向的比较来看，我国农村居民传统的消费支出模式还没有彻底打破，其支出重点依然集中在食品和居住这两个满足基本生存需要的消费方面。同时，一些享受型、发展型的消费品边际消费倾向在逐年提高，例如交通和通信、医疗保健。（2）1993年、2000年、2009年和2019年我国农村居民基本消费支出分别为440.22元、685.79元、1604.24元和5449.61元，呈现明显的上升趋势，一定程度上反映出农村居民的最低生活质量有了明显变化。从各类消费品基本消费支出的比重来看，食品支出的比重最大，居住支出次之，并且居住支出的比重呈现上升趋势。其他各类消费品中，生活用品及服务、交通和通信、医疗保健和其他商品及服务的基本消费支出比重，整体也都呈现了上升趋势，而衣着支出的比重变化不明显，略有下降；文教、娱乐用品及服务的比重呈现一定的波动性。（3）从1993年、2000年、2009和2019年各年需求收入弹性的大小来看，几乎都是非基本生存需求（除了居住）的弹性较大，反映了农村居民在解决了温饱问题以后对更高层次消费需求的向往。从需求的价格弹性来看，1993年农村居民的消费需求对价格反映较为敏感的是生活用品及服务和其他用品及服务；2000年农村居民的消费需求对价格反映较为敏感的是生活用品及服务、医疗保健和其他用品及服务；2009年农村居民的消费需求对价格反映较为敏感的是交通和通信、居住、医疗保健和生活用品及服务。2019年农村居民的消费需求对价格反映较为敏感的是交通和通信、居住、文教娱乐和医疗保健。

第2章 中国农村居民的消费路径特征分析 *

2.1 非均衡性"锯齿状"消费路径的提出

有关西方消费理论在中国应用的文献数不胜数。很多学者的研究结论发现，西方消费理论在解释中国居民，尤其是在解释农村居民的消费储蓄行为时并不具有普适性（朱信凯、杨顺江，2001；金晓彤、蔡玉成、董直庆，2007）。最为典型的例子就是生命周期假说理论和永久收入假说理论在中国的应用争议很大，甚至不能做到合理解释。按照生命周期假说理论和永久收入假说理论，无论收入水平的波动幅度有多大，居民消费时总是尽量平滑各时期的消费水平，避免出现大起大落，实现一生平滑的消费路径。为了平衡各期的消费水平，居民往往会在收入水平高时进行正储蓄，在收入水平低时进行借贷；在有工作能力的中青年时期进行正储蓄，在年老时期进行负储蓄。然而，在实际中，我国的农村居民无论是收入较低的年轻人和收入较高的年长者，都具有较高的储蓄倾向，消费路径的平滑基本无从谈起。

＊ 曾发表于《经济体制改革》2012 年第 6 期，笔者对题目和部分内容进行了修订。

　　在我国农村地区，由于从计划经济向市场经济的改革没有历史经验可遵循，整个经济转轨和改革一直是"摸着石头过河"，消费理论中的各项假说前提均不满足。首先，作为世界上最大的发展中国家，我国地缘辽阔，农村居民人口众多，同时面对改革开放40多年来的制度变迁和经济转型，以及气候变化、自然灾害、市场不稳定、信息少和市场不完全等因素，农村居民所遇到的不确定性更加广泛与严重，不确定性感受更加深刻。由于自身素质的限制，在不确定性条件下，他们对未来的很难形成理性预期。其次，在西方流行的消费理论中，"标准化"的消费者不存在收入不足问题，但是，在我国农村地区，由于农产品的需求弹性小，恩格尔定律促使农业在整个国民经济所占的份额越来越小，加之劳动生产效率不高，农产品的附加值低以及农业生产容易受到风险因素影响等，在整个国民经济的收入分配格局中，农村居民长期处于弱势地位，人均纯收入偏低并且增速缓慢、不稳定，缺乏基本的购买能力。再其次，与发达国家不同，我国农村居民收入不仅不足，而且基本没有什么正规的金融市场，在借贷上发挥的作用非常有限。国有商业银行不自觉遵循着"偏农离农"的路径，其分支机构最多设置到县级，农村地区根本就没有；农村信用合作社基本上执行的只是简单的"吸储"作用，而且亏损严重（田岗，2004），邮局更是只存不贷；而对于农村的非正规金融，不是被政府正规化，就是被打压、禁止发展。由于银行的贷款利率明显高于存款利率，以及较高的借贷门槛，使流动性约束在农村地区广泛存在，农村居民的消费支出几乎完全是靠自己的收入来支付的。最后，对于我国的农村居民，历史上相当长的一段时期是社会保障体系的盲点，城镇居民的医疗、住房、养老等各个方面基本做到了应保尽保，而对于农村居民，这些全部都必须由自己来承担。

　　农村地区的这些社会现状使西方的消费理论不可能找到能够完全解释农村居民消费行为的"中国解"，即使能够解释或局部解释，也很难抓住其本质所在，只能捕捉到表面现象。既然西方消费理论假定的"一生平滑的消费路径"在对我国农村居民进行解释时具有局限性，那么农村居民的消费路径又应当如何呢？本章立足我国农村地区的实际情况，结合现有的研究成果，认为由于长期受到不确定性因素、低收入、流动性约束、社会保障资源不足等因素的影响，我国农村居民的消费行为具有"短视性"（myopia）、"阶段性"（stage）和"谨慎性"（caution）三大特征，这些特征的共同作用最终使农村居民一生的消费路径呈现出锯齿大小不均等、非均衡性的"锯齿状"（见图 2.1）。本章 2.2 节将分析非均衡性"锯齿状"消费路径的形成机理；本章 2.3 节通过调查数据来论证非均衡性"锯齿状"消费路径的存在；本章 2.4 节为结论和政策建议。

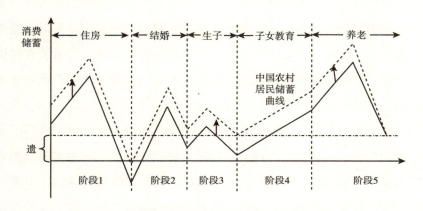

图 2.1　农村居民非均衡性的"锯齿状"消费路径

2.2　非均衡性"锯齿状"消费路径形成机理

非均衡性的"锯齿状"消费路径是农村居民消费行为"短视性""阶段性""谨慎性"特征综合效应的结晶。因而其具体形成机理就需要从这三大特征来进行分析。具体有以下内容。

2.2.1 形成基础

2.2.1.1 农村居民消费行为的"短视性"特征

长期以来，我国一部分农村居民的"小农意识"已经深深地沉积在他们的潜意识之中，形成了只看到或热衷于眼前和个体利益、看不到或不愿顾及长远利益和整体利益的落后而保守的"短视性"消费倾向。"短视"是指农村居民的消费往往只考虑近期的消费目标，实现短期内的效用最大化，而不是一生效用最大化，各期的消费水平自然不能按照边际效用相等的最优条件来进行配置。"短视"行为的产生源于不确定性因素的存在。由于农村居民的有限理性，不确定性因素降低了农村居民的理性范围，他们很难对未来形成清晰的轮廓：既缺乏未来稳定的收入预期，同时由于社会保障的不足，各项支出均由自己支付，而类似生老病死、子女高等教育、物价上涨等不确定性事件使他们的不确定性预期进一步增强。最终，他们只能根据近期的收支状况做出较为短期的消费规划，往往是倾尽全力只去实现近期的一个消费目标。朱信凯、杨顺江（2001）曾对山东省泰安市岱岳区满庄镇以及湖北省监利县红城乡、容城乡、新沟镇四个乡镇的 600 个农村家庭进行过实地调查，发现农村居民的储蓄目标于与其年龄之间存在高度的相关关系，证实我国农村居民的消费行为存在明显的短视性；胡坚、钱宥妮（2005）借用金蛋模型，通过实证检验也得出类似的结果。实际的生活中我们也很难想象，一个处于适婚年龄的青年人会考虑他退休以后如何消费和消费多少，他的消费目标应该是先将现有的资源用于如何来完成结婚这一事宜。

2.2.1.2 农村居民消费行为的"阶段性"特征

农村居民消费行为的"阶段性"是农村居民生命周期特征、低收入和低社会保障水平共同作用而产生的结果，它是指在农村居民的一生中，每隔一段时期就会出现一次支付高峰，因而一生的消费行为由几个重要阶段组成（尉高师、雷国明，2003；金晓彤、蔡玉程，2007；姜洋，2009；等等），尤其是当农村居民的低收入和流动性约束共同存在时，"短视性"特征和"阶段性"特征进一步强化。以一个步入适婚年龄即将组建家庭的青年的为例，其消费行为可以被划分为五个阶段，典型的划分例如住房→结婚→生子→子女教育→养老，并且每个阶段的消费支出都具有很强的刚性，由于受到流动性约束限制，只能依靠较低的收入进行储蓄，逐步实现各个阶段的主要消费目标。其具体划分为五个阶段。

阶段一（住房）：这一阶段其实是为了实现第二阶段"结婚"的目标而做的前期准备。在我国农村地区，住房的作用不仅仅是满足居住需求的生活必需品，住房条件的好坏直接体现了一个家族的经济背景、事业上是否成功，甚至是否懒惰和有没有社会地位，因而住房会影响结婚目标能否顺利的实现，以及女方条件是否优越，正所谓"门当户对"。所以为了实现结婚目标，在父母赠予的基础上，农村居民先是通过自身储蓄积累完成住房需求，为第二阶段的"结婚"目标打下物质基础。

阶段二（结婚）：成家是任何一个成年人迈出人生的第一步，也是一个家族得以延续的第一步，意义重大。在第一阶段住房目标实现之后，便要开始为筹划婚事和置办家具进行储蓄。无论是通过一段时期的自身积累，还是通过借贷，绝大多数的农村家庭都会尽量将婚事办得隆重、体面，"日常节俭克制，重大节日过度消费"就是这一阶段的真实写照。

阶段三（生子）：与其他支付高峰相比，"生子"的支出相对较小，但是在收入增长缓慢而医疗费用、育婴成本越来越高的背景下，对农村居民而言，该项支出依然不菲，必须提前做好储蓄准备。不仅如此，很多农村地区还有为刚出生的子女操办"满月宴"的风俗，这将进一步加大农村居民在该阶段的消费支出压力，需要提前做好准备。

阶段四（子女教育）：在此阶段，一方面，由于技术的日益熟练，无论是农业劳动收入还是外出打工，成家不久的农村居民的收入水平越来越高，已经能够为子女的教育支出提供保障；另一方面，受计划生育政策的影响，农村家庭的子女数目明显减少。这些促使农村居民"望子成龙""望女成凤"的思想越发强烈，他们努力积累财富，愿意将大部分的收入用于子女的教育问题，既能为自己争光、改变子女的"农民身份"，同时还能提高子女的生产效率，使传统"养儿防老"的养老模式即使在子女数量减少时依然能有所保障。值得注意的是，由于自2007年开始我国农村地区实现了真正意义上的义务教育，农村居民子女的教育负担明显降低，如果子女没有考上大学，这一时期农村居民的储蓄还会呈现一定程度的上升趋势。

阶段五（养老）：在完成了子女教育的义务之后，储蓄增长的速度还有可能进一步加快，这为第五阶段的养老和子女财产的遗赠打下了基础。第五阶段与生命周期假说的理论基本相似，即在退休前期，农村居民往往会增加储蓄，而在退休的养老期，需要动用原有的积蓄来进行消费，储蓄因而逐步减少，并且部分储蓄还要用于子女的遗赠。

2.2.1.3 农村居民消费行为的"谨慎性"特征

农村居民消费行为的"谨慎性"除了与"量入为出""崇尚节俭"的消费习惯或文化传统相关，很大程度上与其所面临的各种各样的不确定性因素相关。按照预防性储蓄理论的观点，农村居民在决定其消费路径时，不仅仅是考虑其收入水平，无论是当期收入、持久性收入还是相对收入等，同时还要考虑其收入的变化以及未来可能面临的各种潜在风险，因为这些不确定性因素直接可能威胁他们未来生活的效用水平。特别是对于绝大多数厌恶风险的消费者而言，消费下降所带来的效用损失要大于等量的消费增加带来的效用增长，因而厌恶风险的农村居民为了防止未来不确定性因素导致的效用水平下降，他们往往会增加储蓄，消费决策则变得更加谨慎（万光华、史清华，2003；臧旭恒，2004；田岗，2004；杭斌、申春兰，2005；杜宇玮、刘东皇，2010；等等）。

2.2.2　综合效应

"短视性"特征反映了农村居民的消费决策只是一个短期规划，实现的是某段时期内（或近期内）的效用最大化。在图 2.1 中，处于不同阶段的农村居民往往以本阶段的主要支出项目为既定目标，在保证日常基本消费需求支出的基础上，他们先是去努力增加收入，积累财富，各阶段的储蓄曲线向上倾斜，当财富积累达到一定程度足以实现本阶段目标时，主要的消费目标随即实现，转折点出现，储蓄下降，储蓄曲线向下倾斜。"阶段性"特征将规划时期延长为一生，考虑到农村居民的生命周期因素，即一生中每隔一段时期或阶段就会产生新的"短期目标"，尤其是在面对住房、结婚、生子、子女教育和养老这些重大支出项目，"短视性"特征的强化和延续促使了一生消费行为"阶段性"特征的产生。并且由于实现每个阶段消费目标所需要的财富积累是不同的，例如，住房和结婚需要的费用是不同的，这使"阶段性"特征是非均衡性的，表现在图 2.1 中就是各个阶段的"锯齿"大小不同。同时农村居民的消费行为还受到其消费习惯、文化传统以及各种风险因素的影响，"谨慎性"特征伴随其一生，图 2.1 中的储蓄曲线整体向上移动。

因此，正是农村居民的消费行为的"短视性""阶段性""谨慎性"特征的共同作用，促使了其一生的消费路径呈现出锯齿大小不均等、非均衡性的"锯齿状"。

2.3　实证检验

为了论证农村居民非均衡性"锯齿状"消费路径的存在，在兰州财经大学（原兰州商学院）2011 级农林经济管理班部分农村生源学生的帮助下，笔者和他们对陕西省西安市灞桥区新合镇、新筑镇和甘肃省兰州市榆中县和平镇共三个乡镇的 300 户农村家庭进行了有关储蓄目标的问卷调查。经过整理收集有效问卷 292 份。调查中选择的调查对象均为男性农村居民①，询问的问题主要有三个，即"您最重要的储蓄目标是什么?""您远期的储蓄目标是什么?""您最不重要的储蓄目标是什么?"。每个问题的答案由被调查者在已有的预设好的 18 个选项中挑选，同时每个问题可以有三个选项。表 2.1 显示了各个不同年龄组中出现频率最高的三个储蓄目标的汇总情况。

表 2.1　　　　　　　　　农村居民储蓄目标调查问卷汇总

储蓄目标	年龄分布					
	25 岁以下	25~35 岁	35~45 岁	45~55 岁	55~65 岁	65 岁以上
为自己建房筹备	√	√	√			
为自己结婚筹备	√					○
为子女建房筹备		☆	√☆	√	√	√
为子女结婚筹备			☆	√		
子女哺育费用		√		○	○	
满月宴				○	○	○
子女教育费用	☆	☆	√☆			
随份子		○				
购置生产设备或投资	√☆	√				
赡养老人				☆	√	
为自己养老筹备				☆	√☆	
为双亲丧葬筹备				☆		
为自己丧葬筹备	○	○				☆
为子女遗赠	○				☆	√☆

---

① 主要是考虑在我国农村地区建房、结婚等一些重大项目支出基本都是由男方来筹备。

续表

储蓄目标	年龄分布					
	25 岁以下	25 ~ 35 岁	35 ~ 45 岁	45 ~ 55 岁	55 ~ 65 岁	65 岁以上
社会捐赠	○	○	○	○	○	○
改善现有生活条件	☆	☆		√		
预防疾病					☆	√☆
预防自然灾害						
样本数	33	54	79	63	42	21

注:"√"表示最重要的储蓄目标;"☆"表示远期的储蓄目标;"○"表示最不重要的储蓄目标。

通过表2.1中的汇总情况可以看出,调查结果虽然与之前将消费路径划分为五个阶段(即住房→结婚→生子→子女教育→养老)的模式没有完全吻合,但是却具有一定的相似性,并且也显示出农村居民的储蓄目标与其年龄之间具有高度的相关性,可以证明农村居民消费行为的"短视性""阶段性"等特征。具体来说,从农村居民最重要的储蓄目标来看:25 岁以下和25 ~ 35岁年龄组的青年农村居民,正当壮年,除了应对生产需要而购置生产设备或进行投资之外,建房、结婚和生儿育女是他们进行储蓄的最重要目标;而35 ~ 45岁和45 ~ 55岁年龄组的中青年农村居民,他们则将支出重点放到子女身上,储蓄目标就是为应对子女的教育支出以及将来的结婚和住房需求;55 ~ 65岁和65 岁以上年龄组的农村居民,开始步入老年,自身养老的问题和为子女遗赠财产则成为他们的主要储蓄目标。从农村居民的长远储蓄目标来看:25 岁以下和25 ~ 35 岁年龄组的青年农村居民将改善生活水平作为长期己任,同时对于子女将来的教育支出未雨绸缪;而处于35 ~ 45岁年龄组的中青年农村居民,所有精力基本放在了孩子身上,长期储蓄目标就是为子女建房、结婚的筹备和教育支出做好全力准备;45 ~ 55岁年龄组的农村居民开始将赡养老人和自身的养老问题提上日程;而对于55 ~ 65岁和65 岁以上年龄组的农村居民,养老问题、为子女遗赠财产和预防疾病则成为他们长远储蓄目标的主旋律。从农村居民最不重要的储蓄目标来看,"阶段性"特征更加明显，除了社会捐赠这一选项，其他储蓄目标基本都是现有年龄阶段不存在的支出项目，例如65岁以上农村居民，结婚和筹办满月宴的支出基本就没有①；其他年龄组的情况这里不再赘述。

调查结果基本证实了我国农村居民的消费行为并不是按照生命周期假说理论、持久收入假说理论等西方跨期消费理论中所假定的——按照消费者一生的收入水平来规划自身的消费行为，而是具有了一定的"短视性""阶段性""谨慎性"特征。同样考虑到实现每段时期的储蓄目标所需要的财富积累程度不同，非均衡性的"锯齿状"消费路径就此形成。

2.4　结论与政策启示

本章的理论分析和实证检验均表明，由于受到不确定性因素、低收入、流动性约束、社会保障资源不足等因素的影响，我国农村居民的消费行为具有"短视性""阶段性""谨慎性"特征，这些特征的共同作用致使农村居民的消费路径呈现出非均衡性的"锯齿状"。这一消费路径可以更好地解释我国农村居民的消费行为，为进一步研究我国农村消费需求疲软的形成机制，从而制定行之有效的启动农村市场的政策提供了新视角。本章提出以下建议。

2.4.1　培育多元化的收入来源，保证农村居民收入稳定增长

影响消费行为最根本的因素是收入。由于我国农业人口众多，土地、水

---

① 不排除一些老年人晚年再婚和为孙子、孙女筹办满月宴的可能性。

等自然资源还相对匮乏，农村地区形成大量的剩余劳动力，在这样的客观禀赋下，不规模的小农经济难以打破，必将造成农业的生产率低下、农村居民收入水平低。因此，仅靠农业生产所得难以实现农村居民收入的稳定、持续性增长。化解风险的方法之一就是多样化，而培育多元化的收入来源，就是要让农村居民的增收不能单靠农业生产，不能把"鸡蛋都放在一个篮子"。当前，工资性收入已经成为农村居民收入构成的组成部分（2019 年的比重为 41.09%），也是农村居民纯收入增长的最大贡献源，基本形成了"东方不亮西方亮"的局面，保持该项收入的稳增不降意义重大。这就要求进一步加强农村地区职业教育、技能培训和就业信息的发布等工作，开展劳务输出对接，引导农村富余劳动力平稳有序外出务工；促进城乡劳动者平等就业，努力实现农民工与城镇就业人员同工同酬，提高农民工工资水平；增加县域非农就业机会，促进农民就地就近转移就业，扶持农民以创业带动就业；结合新农村建设，扩大以工代赈规模，增加农村居民劳务收入。

此外，近些年国家对农业的支持力度也越来越大，从农业税的减免到实现九年义务教育；从推行新型农村合作医疗到构建农村低保；从农机购置补贴到"家电下乡"等，转移性收入也成为农村居民收入增长的新亮点。中央和地方财政还需继续加大对"三农"转移支付的力度，落实良种补贴、粮食直补等一系列惠农政策，使农村居民的转移性收入稳定增加；同时加快农村土地流转，提高农村土地征占用补偿水平，鼓励农村居民参加入股投资，推动财产性收入的持续性增加。只有实现了收入的稳定增长，才能真正降低了农村居民的不确定性感受，进而有效地促进农村居民消费的增长。

2.4.2　完善农村社会保障体系，平滑农村居民的消费支出

"锯齿状"消费路径的形成，除了与低收入、流动性约束等不确定性因素相关外，还与农村地区社会保障体系的不完备、保障资源匮乏关系密切。

因为正是由于医疗保险、教育投入、养老保险、公共基础设施等的缺失和不足，不仅增强了农村居民对未来的不确定性感，同时很大程度上还导致了农村居民必须依靠自身的储蓄积累来解决这些问题。因此，完善农村地区的社会保障体系，也就成为降低农村居民不确定性感，平滑其一生消费支出的关键点。当前我国农村地区的社会保障水平相比于城镇地区还有很大的差距，例如覆盖面窄、形式单一、社保资金不足。不仅如此，我国城镇居民的社保资金几乎全部是由国家财政拨款，但是在农村地区，还需要农村居民按比例分担。因此，要提升农村居民的整体社会保障水平，就需要进一步加大农村地区的社会保障支持力度，完善和落实农村新型合作医疗制度、农村最低生活保障制度、农村养老保险制度，扩大保障范围，提高赔付（支付）标准，使农村地区社会保障体系日趋完善，实现各项社会保障和公共服务的城乡均等化，让更多的农村居民享受到更大的实惠。

2.4.3 启动农村消费信贷，消除流动性约束限制

流动性约束的存在不仅改变了农村居民平滑消费路径的轨迹，同时也增强了农村居民的不确定性感受。伴随着农村居民收入的增长，农村消费信贷的启动对于挖掘农村消费市场潜力，促进农村消费市场发展的作用将会日益凸显。因此，各级政府要通过政策扶持来支持农村消费信贷的发展。当然支持也不是盲目的，而是要根据当前农村地区和农村居民家庭实际情况，设置合理的抵押担保方式、贷款程序和贷款条件等，防止过高的贷款门槛，以此有利于提升农村居民消费水平。同时，创新农村地区的消费信贷产品，因地制宜，依据农村居民消费需求的特点设计不同类型的产品，满足不同层次农户的消费需求；发挥政府补贴的重要作用，推进新型农村金融机构的设立，同时加强监管和引导，通过新型农村金融机构的快速发展逐步弥补农村金融市场的空白，从而促进农村消费信贷的发展。

2.4.4　强调政策的可预见性与延续性，弱化制度变迁困扰

经济的发展是波动的，为了克服波动，使它平稳、较快发展，各项调控政策和制度是一个非常重要的措施，并且当经济发展处于转型期时，这些调控政策或制度的变更频率和使用次数可能更多。特别是随着近些年来国家对"三农"问题的重视，有关农业、农村和农民问题的相关政策变化则更是频繁。从长远利益、集体利益来看，应该说政府每次的政策变化，其初衷都是好的，都是为了农村经济或民生等各方面向更好的方向发展，然而较为频繁的变化势必会使农村居民对未来的预期是模糊的，不确定性感受增强，并且每次政策的变化初期还需要一段时期去适应或了解。因此，有关农村居民制度方面不确定性的弱化，就需要政府增强相关政策的可预见性和延续性，多调查、多走访、多听取民众意见，决策或规划的时期不宜过短。

第 3 章 收入差距对城乡居民消费需求的影响研究 *

3.1 引言及文献回顾

尽管近年来中国的经济增长势头迅猛,但消费不振始终制约着中国经济的良性循环(王艳、范金,2007)。国内很多学者从各个方面对我国居民的消费不足问题进行了探究,其中的一种观点认为,收入分配不均是造成总消费需求不振的重要原因。持此观点的有张文斌(2000)、赵友宝(2000)、胡日东(2002)、臧旭恒(2005)、李军(2007)等。虽然直觉上这种观点应该是正确的,但绝大多数研究成果都没有在理论上加以证明,缺乏理论支撑。

从现有较成熟的消费理论来看,凯恩斯(Keynes,1936)在《就业、利息和货币通论》中提出了绝对收入假说,根据他的这一理论,边际消费倾向(MPC)随着收入水平的提高而下降,因此,富人的消费倾向将小于穷人的消费倾向,如果采取收入再分配政策将利于提高全社会的消费水平(朱国林,2002);莫迪利亚尼(Modigliani,1954)的生命周期理论(LCH)认为,

---

* 曾发表于《西北农林科技大学学报》(社会科学版)2010 年第 6 期,笔者对题目和部分内容进行了修订。

消费者会在生命周期结束时用尽全部财富，不考虑后代的福利对其本身效用水平的影响；而弗里德曼的持久收入假说（PIH）则提出，消费者不仅考虑当期消费对自身效用最大化的影响，而且还将遗留一些遗产给予子孙后代而产生的效用考虑进来；霍尔（Hall，1978）研究理性预期下的持久收入假说（PIH），认为消费者不仅仅是考虑当前收入，还会根据未来的预期收入等信息来选择一生的消费路径。这些经典的消费理论对消费者的消费行为从不同层面给予了科学推论，但除了凯恩斯的绝对收入假说有所涉及，各消费理论均没有直接给出消费与收入差距之间的具体关系，这就需要我们探求隐藏这些理论背后的逻辑推理（臧旭恒、张继海，2005）。

目前已有的能体现收入差距和消费之间关系的研究成果中，李军（2003）利用平均消费倾向构建了总消费关于收入差距（高收入群体收入在总收入中的比例）的关系，根据高收入群体的平均消费倾向小于低收入群体，得出总消费与收入差距存在负相关。作者认为他的研究存在两个不足：一是从我国的实际来看，1996～2019年我国居民的消费倾向趋势与他的分析前提不相吻合（详见第3.3节数据分析）；二是在其模型中设定两个群体的平均消费倾向是不变的，而实际中平均消费倾向和收入的变化有着密切联系。乔为国和孔欣欣（2005）通过构建边际效用递减的线性效用方程推导出当经济发展到一定阶段时，收入差距在一定的范围内变大，消费倾向不会变低，但超过一定的范围后，收入差距越大，消费倾向越低，其经济发展水平越高，越容易发生收入差距变大使消费倾向变小的可能。虽然他的结论很有思考价值，但是整个研究没有相关实证的检验和支撑，这成为该文的一大遗憾。杨天宇（2008）利用边际消费倾向对消费最大化下的最优城乡收入差距进行了分析，他认为，总消费应该是随着收入差距先上升后下降，但是在他的研究方法中只是给出总消费关于收入差距的一阶导数，而求解消费的最大值实际上还应该考查总消费关于收入差距的二阶导数是否满足条件，所以所得结论也有一定的缺陷。

本章将在借鉴前人的研究成果基础上，克服已有不足，结合我国当前的实际情况，具体分析20世纪90年代中期以来我国城乡收入差距的拉大究竟对消费需求起到什么作用。本章3.2节为模型推理和数据分析；本章3.3节将结合推理的模型分析我国城乡收入差距对消费的影响；本章3.4节为结论和政策建议。

3.2　模型推理与数据分析

3.2.1　模型推理

研究城乡收入差距对消费需求的影响，我们将全体社会成员分为城镇居民群体和农村居民群体两类，显然城镇居民群体每个居民的人均收入要高于农村群体每个居民的人均收入。为便于分析，在符号设定和条件假设上做出以下要求。

假设农村群体的总收入为 y_1，城镇群体的总收入为 y_2，如果设全体居民的总收入为 Y，则有：

$$Y = y_1 + y_2 \tag{3.1}$$

假设农村居民群体的平均消费倾向为 $C_1(y_1)$，显然农村居民的平均消费倾向 C_1 受到其自身收入水平 y_1 的影响；假设城镇群体居民的平均消费倾向为 $C_2(y_2)$，城镇居民的平均消费倾向 C_2 受到其自身收入水平 y_2 的影响。

假设 $\alpha = \dfrac{y_2}{y_1}$，$\alpha$ 为城镇居民收入与农村居民收入的比例，由于城镇群体总收入高于农村群体总收入，因而 $\alpha > 1$。α 的大小实际上体现了城乡之间收入的差距程度，因而我们称 α 为城乡收入差距系数，是反映收入差距的度量指标。

根据以上假设，我们由 $\alpha = \dfrac{y_2}{y_1}$ 可知：

$$y_2 = \alpha \cdot y_1 \qquad\qquad\qquad (3.2)$$

将式 (3.2) 代入式 (3.1) 中，可知居民总收入 $Y = y_1 + \alpha \cdot y_1$，那么可得：

$$y_1 = \frac{Y}{1 + \alpha} \qquad y_2 = \frac{\alpha Y}{1 + \alpha}$$

按照平均消费倾向定义，即收入中用于消费的比率。我们可得：

农村居民群体的消费总量为：$C_1(y_1) \cdot y_1 = \dfrac{C_1(y_1) Y}{1 + \alpha}$

城镇居民群体的消费总量为：$C_2(y_2) \cdot y_2 = \dfrac{C_2(y_2) \cdot \alpha Y}{1 + \alpha}$

由此得到的总消费的关系式为：

$$C = \frac{C_1(y_1) + C_2(y_2) \cdot \alpha}{1 + \alpha} Y \qquad\qquad (3.3)$$

在式 (3.3) 中，收入差距 α 对总消费 C 的影响并不能直观地反映出来，为此我们对总消费 C 关于 α 求导。显然如果 $\dfrac{\partial C}{\partial \alpha} > 0$，说明总消费需求 C 随着收入差距 α 的增大而增加，即收入差距的扩大促进消费；如果 $\dfrac{\partial C}{\partial \alpha} < 0$，则说明总消费需求 C 随着收入差距 α 的增大而减少，即收入差距的扩大抑制消费。具体求导结果：

$$\frac{\partial C}{\partial \alpha} = \left\{ - \frac{[C_1(y_1) + C_2(y_2) \cdot \alpha]}{(1 + \alpha)^2} + \frac{1}{1 + \alpha} \Big[C'_1(y_1) \frac{\partial y_1}{\partial \alpha} \right.$$
$$\left. + C_2(y_2) + \alpha \cdot C'_2(y_2) \frac{\partial y_2}{\partial \alpha} \Big] \right\} \qquad (3.4)$$

因为 $y_1 = \dfrac{Y}{1 + \alpha}$，$y_2 = \dfrac{\alpha Y}{1 + \alpha}$，代入式 (3.4) 整理得：

$$\frac{\partial C}{\partial \alpha} = \frac{[\alpha \cdot C'_2(y_2) - C'_1(y_1)] \cdot Y + (1 + \alpha)[C_2(y_2) - C_1(y_1)]}{(1 + \alpha)^3} \cdot Y$$

$$(3.5)$$

式（3.5）即为总消费 C 关于收入差距 α 的具体求导结果。可以看出，收入差距 α 对总消费需求 C 的影响受到城乡居民的平均消费倾向 $C_1(y_1)$ 和 $C_2(y_2)$、城乡居民收入变化引起平均消费倾向变化的程度 $C'_1(y_1)$ 与 $C'_2(y_2)$ 以及城乡收入差距 α、总收入水平 Y 的共同影响。具体 $\frac{\partial C}{\partial \alpha} < 0$ 还是 $\frac{\partial C}{\partial \alpha} > 0$，我们将会在 3.3 节实证检验中具体讨论。

3.2.2　数据来源及其简要分析

考虑到数据的获取，本章将以城乡的人均收入、人均消费支出来替代城镇居民群体和农村居民群体总的收入与消费，显然城乡收入差距对人均消费需求的影响与对总消费需求的影响具有一致性。结合式（3.5）的要求，根据 1996～2020 年的《中国统计年鉴》，收集、整理出 1995～2019 年城乡居民具体的收入差距（见表 3.1）和各自消费的情况（见表 3.2）。

表 3.1　　　　　　1995～2019 年城乡居民人均收入情况及其差距

年份	农村居民人均纯收入 y_1（元）	城镇居民人均可支配收入 y_2（元）	城乡收入差距 α
1995	1577.74	4282.95	2.7146
1996	1926.07	4838.90	2.5123
1997	2090.13	5160.32	2.4689
1998	2161.98	5425.05	2.5093
1999	2210.34	5854.02	2.6485
2000	2253.42	6279.98	2.7869
2001	2366.40	6859.58	2.8987
2002	2475.63	7702.80	3.1115

续表

年份	农村居民人均纯收入 y_1（元）	城镇居民人均可支配收入 y_2（元）	城乡收入差距 α
2003	2622.24	8472.20	3.2309
2004	2936.40	9421.61	3.2086
2005	3254.93	10493.03	3.2237
2006	3587.04	11759.45	3.2783
2007	4140.36	13785.81	3.3296
2008	4760.62	15780.80	3.3149
2009	5435.1	16900.5	3.1095
2010	6272.4	18779.1	2.9939
2011	7393.9	21426.9	2.8979
2012	8389.3	24126.7	2.8759
2013	9429.6	26467.0	2.8068
2014	10488.9	28843.9	2.7499
2015	11421.7	31194.8	2.7312
2016	12363.4	33616.2	2.7190
2017	13432.4	36396.2	2.7096
2018	14617.0	39250.8	2.6853
2019	16020.7	42358.8	2.6440

表3.2　　　　1995~2019年城乡居民人均消费情况及其平均消费倾向

年份	农村居民人均消费支出（元）	城镇居民人均消费支出（元）	农村居民平均消费倾向 $C_1(y_1)$	城镇居民平均消费倾向 $C_2(y_2)$
1995	1310.4	3537.6	0.8306	0.8260
1996	1572.1	3919.5	0.8162	0.8100
1997	1617.2	4185.6	0.7737	0.8111
1998	1590.3	4331.6	0.7356	0.7984
1999	1577.4	4615.9	0.7136	0.7885
2000	1714.30	4998.0	0.7411	0.7990
2001	1803.2	5309.0	0.7358	0.7780
2002	1917.1	6029.9	0.7409	0.7880

年份	农村居民人均消费支出（元）	城镇居民人均消费支出（元）	农村居民平均消费倾向 $C_1(y_1)$	城镇居民平均消费倾向 $C_2(y_2)$
2003	2049.6	6510.9	0.7411	0.7746
2004	2326.5	7182.1	0.7440	0.7694
2005	2748.8	7942.9	0.7851	0.7650
2006	3072.3	8696.6	0.7887	0.7484
2007	3535.5	9997.5	0.7786	0.7350
2008	4054.0	11242.9	0.7690	0.7230
2009	4464.2	12262.6	0.7750	0.7256
2010	4944.8	13471.5	0.7403	0.7174
2011	5892.0	15160.9	0.7483	0.7076
2012	6667.1	16674.3	0.7463	0.6911
2013	7485.1	18487.5	0.7938	0.6985
2014	8382.6	19968.1	0.7992	0.6923
2015	9222.6	21392.4	0.8075	0.6858
2016	10129.8	23078.9	0.8193	0.6865
2017	10954.5	24445.0	0.8155	0.6716
2018	12124.3	26112.3	0.8295	0.6653
2019	13327.7	28063.4	0.8319	0.6625

表 3.1 显示了 1995～2019 年我国城乡居民的人均收入情况及其差距。从人均收入来看，两者均表现出明显的上升趋势。农村居民人均纯收入从 1995 年的 1577.7 元增长到 2019 年的 16020.7 元，按实际价格计算增长了 4.86 倍，平均每年增长 7.65%；城市居民人均可支配收入从 1995 年的 4283.0 元增长到 2019 年的 42358.8 元，按实际价格计算增长了 4.88 倍，平均每年增长 7.66%，城镇居民人均收入年平均增长速度与农村居民基本相当。表现为城乡收入差距 α 上从 1995 年的 2.7146 上升到 2008 年的 3.3149 后，下降为 2019 年的 2.6640。

表 3.2 列举了 1995～2019 年我国城乡居民人均消费支出和平均消费倾向

的基本情况。可以看出城乡居民的人均消费支出均逐年攀升：农村居民人均消费支出从 1995 年的 1310.36 元增长到 2019 年的 13327.0 元，增长了 4.87 倍，平均每年增长 7.65%；城镇居民人均消费支出从 1995 年的 3537.57 元增长到 2019 年的 28063.4 元，增长了 3.72 倍，平均每年增长了 6.68%，农村居民人均消费支出增长速度高出城镇居民 0.97 个百分点。从城乡居民的平均消费倾向来看，城镇居民的平均消费倾向基本是逐年下降，即从 1995 年的 0.8260 下降到 2019 年的 0.6625；农村居民的平均消费倾向随着收入的增加首先从 1995 年的 0.8306 下降到 1999 年的最低点 0.7137，而后开始上升到 2019 年的 0.8319。与此同时，通过比较还会发现，在 1997～2019 年我国城乡居民的平均消费倾向大小还发生了反转，即：在 1997～2004 年，城镇居民的平均消费倾向大于农村居民，但在 2004 年之后，农村居民的平均消费倾向大于城镇居民。

3.3　实证检验及其经济含义

为了计算 $\frac{\partial C}{\partial \alpha}$ 的大小，在表 3.1、表 3.2 收集的数据基础上，还需要知道 $C'_1(y_1)$ 与 $C'_2(y_2)$ 的具体数值。由于 $C'(y)$ 是收入的增量所引起的平均消费倾向的增量，因而我们定义 $C'(y) = \dfrac{C_t(y) - C_{t-1}(y)}{y_t - y_{t-1}}$，$C_t(y)$ 代表了第 t 期居民的平均消费倾向，$C_{t-1}(y)$ 代表上一期居民的平均消费倾向；y_t 代表第 t 期居民的人均收入水平，y_{t-1} 代表上一期的居民人均收入水平。这样根据已有数据我们测算的 $C'_1(y_1)$、$C'_2(y_2)$ 及 $\frac{\partial C}{\partial \alpha}$ 如表 3.3 所示。

表3.3   城乡收入差距变化对总消费影响程度测算

年份	$C'_1(y_1)$	$C'_2(y_2)$	$\dfrac{\partial C}{\partial \alpha}$
1995	—	—	—
1996	$-4.1106E-05$	$-2.8732E-05$	193.98
1997	$-2.5907E-04$	$3.5104E-06$	701.59
1998	$-5.3053E-04$	$-4.7876E-05$	482.84
1999	$-4.5357E-04$	$-2.3180E-05$	-891.62
2000	$6.3831E-04$	$1.7278E-05$	161.20
2001	$-4.7785E-05$	$-3.7797E-05$	-202.45
2002	$4.7533E-05$	$1.0509E-05$	72.56
2003	$9.3588E-07$	$-1.8599E-05$	-95.70
2004	$9.2478E-06$	$-6.5364E-06$	-294.52
2005	$1.2902E-04$	$-4.9779E-06$	-89.07
2006	$1.0823E-05$	$-1.3763E-05$	-122.34
2007	$-1.8142E-05$	$-7.0753E-06$	-144.38
2008	$-1.5623E-05$	$-6.3952E-06$	-173.69
2009	$6.5169E-05$	$9.6785E-06$	-125.33
2010	$-2.7463E-04$	$-3.5110E-05$	-74.62
2011	$5.6727E-05$	$-3.5770E-05$	9.15
2012	$-1.3588E-05$	$-4.8183E-05$	-48.65
2013	$3.3388E-04$	$2.7455E-05$	-154.98
2014	$3.4985E-05$	$-2.2092E-05$	-21.65
2015	$6.0841E-05$	$-2.2318E-05$	-65.23
2016	$9.6867E-05$	$2.6650E-06$	-102.10
2017	$-2.5213E-05$	$-4.6140E-05$	-12.03
2018	$9.5445E-05$	$-2.1045E-05$	-8.69
2019	$1.6282E-05$	$-1.0004E-05$	-5.22

为了更直观地看出我国城乡收入差距的扩大对总消费需求的影响，专门为 $\frac{\partial C}{\partial \alpha}$ 绘制了趋势（见图 3.1）。

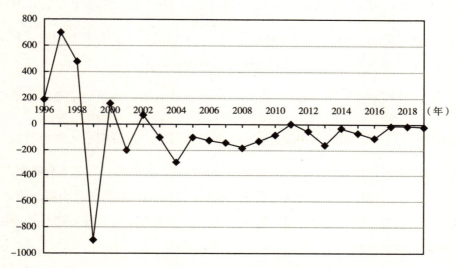

图 3.1　城乡收入差距变化对总消费影响$\left(\dfrac{\partial C}{\partial \alpha}\right)$的趋势

根据表 3.3 和图 3.1，得出以下结论。

（1）通过观察 $\frac{\partial C}{\partial \alpha}$ 的大小可以发现，20 世纪 90 年代中期以来，我国的城乡收入差距呈现一定的先上升后下降的趋势，其对城乡居民总消费需求产生的影响并不是一味地促进或抑制作用，而是具有一定阶段性。

第一阶段为 1998 年以前（包括 1998 年），这一阶段的 $\frac{\partial C}{\partial \alpha}$ 均大于 0，收入差距 $\alpha < 2.6$，这说明总消费 C 是收入差距 α 的增函数，即收入差距的拉大促进了城乡居民总消费的增长。

第二阶段为 1999~2002 年，这段时期收入差距依然在逐步扩大，$2.6 < \alpha < 3.2$，各年的 $\frac{\partial C}{\partial \alpha}$ 出现了波动，1999 年、2001 年的 $\frac{\partial C}{\partial \alpha} < 0$，而 2000 年和 2002 年 $\frac{\partial C}{\partial \alpha} > 0$，因此，这一阶段收入差距对城乡居民总消费的抑制作用和促

进作用影响交替出现。

第三阶段为 2003 年至今（包括 2003 年），这一期间除了 2011 年，其余各年的 $\frac{\partial C}{\partial \alpha}$ 均小于 0，收入差距 α 从 2003 年的 3.2309 增长到 2008 年的 3.3149 后，持续下降到 2019 年的 2.6440。由于 $\alpha > 0$，说明总消费 C 是收入差距 α 的减函数，即收入差距抑制了城乡居民总消费的扩张。

（2）通过观测 $\frac{\partial C}{\partial \alpha}$ 波动幅度的趋势可以发现，各年 $\frac{\partial C}{\partial \alpha}$ 的绝对值整体上呈现衰减趋势，表现在趋势图中就是 $\frac{\partial C}{\partial \alpha}$ 的波幅越来越小，这说明收入差距对城乡居民总消费所产生的作用，不管是促进还是抑制，其影响程度在逐渐弱化。

（3）作为结论我们更为关心的是当前收入差距对消费需求的影响及趋势。从图 3.1 和表 3.3 中可以看出，近 3 年来，城乡收入差距对城乡居民消费的抑制作用极其微弱。

（4）本章所论述的均是我国城乡居民的显性收入差距对消费需求的影响，如果考虑到城乡居民的隐性收入差距[①]，则实际的城乡收入差距会对城乡居民总消费需求产生什么样的影响，有待以后进一步的探究。

3.4　研究结论与政策建议

研究结果表明，20 世纪 90 年代中期以来，我国的城乡收入差距对城乡居民总消费需求产生了阶段性的影响：1998 年之前收入差距的拉大促进消

---

① 城镇居民具有很多的非货币收入，例如住房公积金、公费医疗、失业保险以及各类补贴、津贴等，而这些农村居民较少享用的。有学者进行过相关测算，如果考虑到这些隐性收入，城乡收入差距将会在 5:1 以上。

费；1999~2000 年两者的关系产生了波动，抑制和促进交替出现；2003 年以后收入差距主要是抑制了总消费。同时通过 $\frac{\partial C}{\partial \alpha}$ 波幅的趋势发现，收入差距对总消费的影响在整体上正在逐渐弱化，并且近 3 年来，收入差距对消费需求产生的抑制作用极其微弱。为此本章提出以下政策建议。

（1）多渠道的增加农民收入。正如我们前面所分析，当前城乡收入差距对居民消费主要起到抑制作用，这与农民收入相对较低、增长较慢密切相关。可以从以下四个方面入手：一是进一步深化制度创新，从政策上保证农民增收，要在家庭联产承包责任制的基础上引导农民自愿、自觉走向适度规模经营的道路，实现农村第二次制度创新。二是引导农民调整、优化农业内部产业结构，在提高农业质量和效益中增加收入。三是引导农民开阔视野，多方寻找就业门路，在实现农村劳动力转移中增加收入。四是加大农村人力资源开发力度，提高劳动力素质，通过增加农民的就业机会来增加农民收入。

（2）强化政府再分配的调节功能。一方面要加快建设针对农村的民生财政体制，坚持"多予少取放活"的方针，建立以工促农，以城带乡的长效机制，增加农村居民的转移性收入；另一方面要尽快调整国民收入分配格局，着力遏制城乡差距及行业差距和区域差距导致的城乡收入分配差距进一步扩大的趋势，逐步提高中低收入阶层，特别是农村居民收入在国民收入分配中的比重。同时，加大政府对农村低收入群体的转移支付力度，建立和完善政府资助的农业保险和农村新型养老等农村社会保障制度，缩小城乡居民转移性收入的差距，增强我国农村居民的消费能力。

（3）改善消费环境。改善城乡消费环境对扩大消费需求十分重要。一是搞好公共设施建设，加强城乡电网、道路、水利、通信等基础设施建设，结合城乡国有商业改造大力发展连锁经营和配送中心等现代商业形式，改善农村产品销售渠道，促进商品流通，为城乡居民消费提供良好的环境和渠道；二是进一步规范市场秩序和产品的供需机制，提高整个社会的信用度，使整个社会的需求水平提高一个台阶。

第4章 社会保障对农村居民消费行为的影响研究[*]

——基于协整与误差修正模型的实证检验

4.1 问题的提出

"新常态"已经成为我国经济发展的阶段性特征。"新常态"内涵丰富，其中，实现消费需求逐步成为主体是其重要的核心内容之一。消费需求是促进经济发展、繁荣市场、改善人民生活水平的根本动力和源泉，然而大量的定性与定量研究结果表明，消费需求容易受到诸多因素的影响，这其中社会保障制度不健全一直是困扰消费需求释放的重要因素之一。长期以来，社会保障体系被称为社会"稳定器"、经济"减震器"和社会公平"调节器"（段景辉、黄丙志，2011），它发挥着收入再分配的重要作用。完善的社会保障制度可以改变居民的当期可支配收入、未来预期收入以及预防性储蓄等诸多方面（姜百臣、马少华，2010），进而对居民的消费行为产生刺激作用。

---

[*] 曾发表于《兰州财经大学学报》2017年第5期，笔者对题目和部分内容进行了修订。

因此，对我国这样一个农业大国来说，研究社会保障对农村居民消费行为的影响，对于应对经济新常态、转换经济增长动力、推动和谐社会建设具有重要意义。

有关社会保障对居民消费行为的影响一直都是经济学研究的热点。其中国外有关社会保障与居民消费之间关系的研究成果，主要是围绕莫迪利亚尼（Modigliani，1954）提出的生命周期假说展开的，但是由于研究角度和基础数据选择的不同，导致了不同的研究结论。例如有学者认为，社会保障体制改革通过完善资本市场来减少居民的预防性储蓄倾向，进而促进了居民的消费（Martin Feldstein，1974；Samwick，2000；Carlos and Juan，2008）。但卡甘（Cagan，1965）通过对美国随机抽取的参加养老保险的 15000 名劳动者的调查，发现养老保险能够唤起工作期间劳动者对退休的需要和期望，进而会增加参与劳动者的储蓄、减少了其消费。梅尔文（Melvin，2005）认为，标准的生命周期理论和持久收入理论在实际中并不完全适用，其实证研究发现，倘若提高社会保障水平的宣布时间提前 3 个月，个体的消费水平并不会因社会保障待遇的提高而有所变化。

近年来，随着我国社会保障制度的不断完善，国内许多学者就社会保障对城镇居民消费行为的影响进行了大量研究，但是研究结论上一直并无定论。一方面，刘畅（2008），姜百臣、马少华（2010），段景辉、黄丙志（2011），陈池波、张攀峰（2012）等，认为社会保障能够增加安全心理，进而提高居民对未来的乐观预期，从而利于刺激居民消费。另一方面，杨天宇、王小婷（2007），王晓霞、孙华臣（2008），吴庆田、陈孝光（2009），魏勇、杨孟禹（2017）等研究却发现，社会保障制度越完善，越会激发居民选择提前退休，从而会对其消费产生抑制。另外，也有张治觉、吴定玉（2010）等认为，社会保障对居民消费行为的影响具有阶段性，从改革开放初期至 1998 年，社会保障支出对居民的消费具有促进作用，但是，在 1998 年以后这一影响成为抑制作用。

已有的有关社会保障与居民消费之间关系的研究成果具有以下三个特征。

首先，在研究对象上，主要是把城镇居民和农村居民作为整体来进行分析，单独关注社会保障制度对农村居民消费行为影响的文献还比较少见；其次，已有研究通常缺乏理论机理与实证研究有效结合，有关社会保障对农村居民消费行为影响的机制交代得不够完善；最后，当前绝大多数的实证研究成果都是利用多元线性回归进行静态分析，而没有考虑在改革开放的大背景下，社会保障制度的渐变与逐步完善往往致使影响效应具有可变性，因而动态的分析往往更加科学。本章欲在诠释社会保障对于居民消费影响的理论机理的基础上，试图把社会保障支出纳入消费函数中，进而利用协整与误差修正模型从动态视角探讨社会保障对我国农村居民消费的影响机制，以期能够为调整社会保障的相关政策、充分发挥其对消费需求的积极作用提供理论依据。

4.2　社会保障对农村居民消费影响的理论机制

社会保障作为保持社会稳定的一项制度和国家调节居民收入水平的一种手段，会对居民的收入水平、收入路径、预防性储蓄以及对未来的预期产生多方面的影响，从而影响农村居民的消费行为和消费决策。在理论上，社会保障支出对居民消费需求存在两种效应，即"挤入效应"和"挤出效应"。

4.2.1　社会保障支出对居民消费需求的"挤入效应"

根据生命周期假说，个人的消费决策是以一生的效用最大化为目标的，在工作年限内，个人将一部分收入储蓄起来，以保证退休后消费水平不至于降低，从而使个人一生的消费得以平滑。社会保障制度在某种程度上代替个人实现了跨期消费规划所要进行的储蓄，这就会使居民倾向于减少自己的预防性储蓄而增加即期消费，对释放居民的储蓄具有积极作用。在增加了即期消费的同时，社会保障支出还提高了人们对未来的乐观预期，从而有助于消费信心的增强和消费需求的进一步扩大，这就是社会保障的财富替代效应。另外，根据边际消费倾向递减规律，面向低收入阶层的各种社会福利、救助等有利于提升整个社会的消费倾向水平，从而使社会保障也会对消费产生挤入效应。

4.2.2　社会保障支出对居民消费需求的"挤出效应"

社会保障制度的建立使居民因为获得保障，激励人们提前退休，从而选择较短的工作期和更长的退休期，这意味着个人获得收入的时间缩短而消费的时间延长，同时，积累资金的工作年份也会相应减少，因而促使人们在工作期间增加储蓄，减少即期消费，以保证退休后有稳定宽裕的生活来源，这就是社会保障的退休效应。此外，我国居民往往具有较强的遗赠动机，这使他们往往提高储蓄比例，以此抵消因为社会保障支出可能对子女遗赠收入水平的影响，从而使居民的当期消费可能下降。

社会保障支出对居民消费的最终影响取决于这两种力量相反效应的大小。如果财富替代效应大于退休效应，居民储蓄将会减少，消费将会增加；反之，如果退休效应更强，居民储蓄将会增加，消费将会减少。图 4.1 可说明这两种效应的关系。

图 4.1 中，Ⅰ代表消费者最初的消费曲线；Ⅱ代表不考虑退休效应的情况下，财富替代效应使消费者的消费曲线右移，消费水平提高；Ⅲ代表不考虑财富替代效应，退休效应使消费者的消费曲线左移，消费水平降低。最终Ⅰ位于何处取决于这两种效应的相对大小。

由于社会保障对居民消费行为上的效应可能是"挤出效应"也可能是

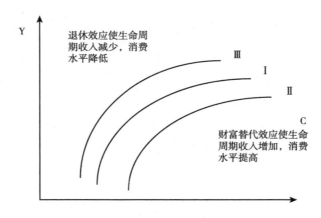

图 4.1　财富替代效应和退休效应

"挤入效应",因此,两种互相抵消的效应会使社会保障对居民消费的"净"影响变得不确定,因而需要进一步的实证分析。

4.3　社会保障对农村居民消费影响的实证分析

4.3.1　模型设定与数据说明

针对社会保障对消费的影响问题,国内外使用较多的是扩展的生命周期模型。安多和莫迪利亚尼(Ando and Modigliani,1963)建立的生命周期假说基础模型为:

$$C_t = \alpha + \beta Y_t + \gamma W_{t-1} \tag{4.1}$$

其中,C_t 表示农村居民家庭在 t 年的人均消费支出;Y_t 表示持久收入;W_{t-1} 表示居民家庭上一年年底家庭的存量财富或资产。式(4.1)的基础上加入社会保障支出变量,同时为了避免时间序列数据的剧烈波动,消除可能存在的异方差现象，本章选取修正后的对数形式的生命周期模型进行估计，即：

$$\ln C_t = \alpha + \beta \ln Y_t + \gamma_1 \ln W_{t-1} + \gamma_2 \ln SSW_t + \mu_t \qquad (4.2)$$

其中，SSW_t 表示第 t 年的农村人均社会保障支出。这里，如果社会保障支出对农村居民的消费需求具有"挤入效应"，那么实证检验中应该得到的 $\gamma_2 >$ 0；相反，如果社会保障支出对农村居民的消费需求具有"挤出效应"，那么实证检验中应该得到的 $\gamma_2 < 0$。

依据上述理论分析和模型构建，本章选取的样本为 1985 ~ 2017 年全国时间序列数据。这里需要说明的是，首先，统计调查显示，2013 年之前农村居民的收支数据来源于独立开展的农村住户抽样调查，从 2013 年开始收入指标改为可支配收入，口径与纯收入有所变化，且数据来源于国家统计局开展的城乡一体化住户收支与生活状况调查。其次，考虑到我国农村金融市场发展滞后、金融工具单一，个人储蓄占据农村居民财富的绝大部分，因而选取上一年农村居民人均储蓄余额代表农村居民上年年底的存量财富。最后，对于农村社会保障支出，由于我国官方统计年鉴中并没有单独列出，加上社会保障支出项目众多，许多支出项目也很难在城乡之间进行明确区分，且直接微观的社会保障支出数据难以得到，因而参照谢文、吴庆田（2009）以及姜百臣、马少华（2010）等的做法，以人均财政社会保障支出来进行度量，具体包括了财政支出中的农村社会救济费、福利支出和自然灾害救济费。以上统计数据均源于各年的《中国统计年鉴》《中国农村统计年鉴》《中国金融年鉴》，并以 1985 年为基期进行价格指数处理。

4.3.2　实证分析

4.3.2.1　变量的单位根检验

在现实经济中，大多数经济变量的时间序列都是非平稳的，因此，为了避免产生伪回归现象，按照常见做法，先对时间变量序列及其差分序列的平稳性进行检验，这是进行协整分析的基础。在这里，我们采用 Eviews8.0 软件，对变量进行 ADF 单位根检验，检验结果如表 4.1 所示。

表 4.1　　　　　　　　　　　　ADF 单位根检验结果

变量	ADF 检验统计量	临界值			结论
		1%	5%	10%	
$\ln C_t$	− 3.1590	− 4.3098	− 3.5742	− 3.2217	不平稳
$\Delta \ln C_t$	− 2.6817	− 3.6793	− 2.9678	− 2.6229	平稳
$\Delta^2 \ln C_t$	− 4.8950	− 4.3239	− 3.5806	− 3.2253	平稳
$\ln Y_t$	− 3.2789	− 4.3098	− 3.5742	− 3.2217	平稳
$\Delta \ln Y_t$	− 2.8214	− 3.6892	− 2.9719	− 2.6251	平稳
$\Delta^2 \ln Y_t$	− 4.7348	− 4.3239	− 3.5806	− 3.2253	平稳
$\ln W_{t-1}$	− 2.8021	− 4.2967	− 3.5684	− 3.2184	不平稳
$\Delta \ln W_{t-1}$	− 7.6341	− 4.30984	− 3.5742	− 3.2217	平稳
$\Delta^2 \ln W_{t-1}$	− 5.9388	− 4.3393	− 3.5875	− 3.2292	平稳
$\ln SSW_t$	− 0.8104	− 4.2967	− 3.5684	− 3.2184	不平稳
$\Delta \ln SSW_t$	− 5.9739	− 4.3098	− 3.5742	− 3.2217	平稳
$\Delta^2 \ln SSW_t$	− 7.4909	− 4.3393	− 3.5875	− 3.2292	平稳

检验结果显示，除 $\ln Y_t$ 的水平值在 10% 临界值下拒绝原假设，是平稳序列之外，变量 $\ln C_t$、$\ln W_{t-1}$ 和 $\ln SSW_t$ 的水平值在 10% 的显著性水平上均接受原假设，即变量存在单位根，是非平稳序列；接着对所有变量进行一阶差分检验，可以看出，变量 $\ln C_t$ 和 $\ln Y_t$ 的一阶差分均在 10% 的显著性水平上通过平稳性检验，其他两个变量 $\ln W_{t-1}$ 和 $\ln SSW_t$ 的一阶差分都在 1% 显著性水平上平稳。可见，$\ln C_t$、$\ln Y_t$、$\ln W_{t-1}$ 和 $\ln SSW_t$ 都是一阶单整序列，即（$\ln C_t$、$\ln Y_t$、$\ln W_{t-1}$、$\ln SSW_t$）~ I（1）。所以可以对这四个变量之间的长期关系进行下一步的协整检验。

4.3.2.2　Johansen 协整检验

进一步运用 Johansen 协整检验方法检验其长期均衡关系，因该检验法是基于 VAR 模型的检验方法，故检验之前必须要确定模型的滞后阶数（见表 4.2）。

表 4.2　　　　　　　　　　　VAR 模型滞后阶数的选择

Lag	LogL	LR	FPE	AIC	SC	HQ
0	25.5274	NA	2.53e – 06	– 1.5377	– 1.3474	– 1.4795
1	154.6020	212.0510	7.97e – 10	– 9.6144	– 8.6629	– 9.3235
2	183.1450	38.73704	3.52e – 10	– 10.5103	– 8.7975	– 9.9867
3	211.5545	30.4387 *	1.80e – 10 *	– 11.3968 *	– 8.9226 *	– 10.6404 *

协整检验模型的滞后期也就是无约束 VAR 模型一阶差分后变量的滞后期，经过检验得知，无约束 VAR 模型的最优滞后期为 3，因而协整检验的滞后期为 2，可以进行 Johansen 检验。检验结果如表 4.3 所示。

表 4.3　　　　　　　　　　　Johansen 协整检验结果

原假设：协整方程数目	迹统计量	0.05 临界值	P 值	最大特征值统计量	0.05 临界值	P 值
0	132.9487	63.8761	0.0000	79.7262	32.1183	0.0000
至多 1 个	53.2226	42.9153	0.0035	33.5757	25.8232	0.0039
至多 2 个	19.6469	25.8721	0.2443	12.2717	19.3870	0.3903
至多 3 个	7.37513	12.5179	0.3070	7.37513	12.5179	0.3070

从表 4.3 可以看出，无论是协整检验的特征根迹检验还是最大特征值检验，在原假设没有协整向量及原假设最多一个协整向量下检验统计量的值均大于 5% 显著性水平上的临界值，则拒绝无协整关系及至多一个协整关系的假设，说明 $\ln C_t$、$\ln Y_t$、$\ln W_{t-1}$ 和 $\ln SSW_t$ 之间存在协整关系且不止一个。对应原假设最多两个协整向量下检验统计量的值小于 5% 显著性水平上的临界值，则接受最多存在两个协整关系的假设，即农村居民家庭人均消费支出、农村居民人均纯收入、农村居民家庭人均储蓄和农村居民人均社会保障支出之间存在协整方程。

检验结果表明，变量之间存在长期均衡的协整关系，且得到以下协整方程（其中，括号内的数字表示标准差）：

$$\ln C_t = 4.8233 + 0.4219\ln Y_t + 0.3866\ln W_{t-1} + 0.1901\ln SSW_t \quad (4.3)$$

t 值：(7.0202) (5.1026)　　　(3.1212)　　　(5.6636)

似然比：206.2941

从协整方程看出，在长期内，农村居民人均纯收入、人均储蓄和人均社会保障支出都对农村居民人均消费具有正向的推动作用。其中，收入对消费支出的弹性为 0.4219，即农村居民人均纯收入每增加 1%，会引起农村居民人均消费支出增加 0.4219%。社会保障支出的弹性系数为 0.1901，即在其他控制变量不变的条件下，农村居民人均社会保障支出每增加 1%，会引起人均消费增加 0.1901%。这表明，社会保障支出对农村居民消费具有挤入效应，但农村居民人均社会保障支出对人均消费支出的影响度比较微弱，这与吴庆田、陈孝光（2009）以及姜百臣、马少华（2010）等研究结论是基本一致的。分析原因，可能是由于我国农村居民缴纳的社会保障资金还是相对较少，甚至在农村最低生活保障上不需要缴费。因此，现有的农村社会保障制度对农村居民消费行为的挤出效应应该不太明显，即社会保障制度对农村居民消费行为主要是具有挤入效应。

4.3.2.3　误差修正模型

由以上分析可知，农村居民家庭人均消费支出、农村居民人均纯收入、农村居民人均储蓄和农村人均社会保障支出之间存在长期均衡关系，为揭示它们之间的短期影响，本章运用向量误差修正模型考察它们之间的短期关系和变量短期偏离长期均衡的修正机制。根据 SCI 准则，这里对式（4.3）各变量的 2 阶滞后进行差分回归，得到以下误差修正模型：

$$D(\ln C_t) = -0.1090\text{CointEq1} - 0.8355D(\ln C_t(-1)) + 0.1814D(\ln W_{t-1}(-1))$$

$$[-2.3323]\qquad\qquad [-2.9802]\qquad\qquad\qquad [2.0996]$$

$$+0.1257D(\ln SSW_t) + 0.1521D(\ln SSW_t(-1))$$

$$[3.0114]\qquad\qquad\qquad [1.9663]\qquad\qquad\qquad\qquad (4.4)$$

其中，方括号内为 t 统计量。模型的 F 统计量为 5. 6121，拟合优度 R^2 达到
0. 7234。误差修正项的系数是用来估计变量之间的均衡关系偏离长期均衡状
态的调整力度及方向，系数越大表明调节力度越大。该模型中误差修正项为
负值，且通过了显著性检验，误差修正项对 D（$\ln C_t$）的修正速度为 0. 1090，
说明我国农村居民的消费支出具有稳定的发展态势，各变量之间具有一定由
短期偏离向长期均衡点调整的动态机制。另外，从误差修正模型中还可以看
出，在短期内我国农村社会保障支出对农村居民的消费支出依然具有促进作
用，并表现出一定的滞后性，同时短期影响程度要小于长期影响。我国农村
社会保障制度尚处于建立和健全时期，覆盖面较窄，短时期内很难达到高福
利状态，因而社会保障制度的影响短期内可能达不到有效的促进作用，长期
效应较大也就不难理解了。

4.4　主要结论及政策建议

在理论诠释社会保障对居民消费行为影响的基础上，本章采用协整检验
和向量误差修正模型的估计方法，对 1985 ~ 2017 年我国农村居民社会保障支
出给农村居民消费行为带来的影响进行实证研究。从实证分析中可以得出以
下结论：首先，从长期来看，我国农村社会保障支出对农村居民消费具有一
定的促进作用，但作用不显著，其影响力度为 0. 1901，即在其他控制变量不
变的条件下，农村人均社会保障支出每增加 1%，会引起农村居民消费增加
0. 1901%，表明社会保障投入力度仍然不够，农村居民消费更多依赖的是家
庭存量资产（即储蓄）和收入。其次，从短期来看，社会保障支出对农村居
民消费依然具有一定的引致效应，且存在滞后效应，同时，短期影响程度要
小于长期影响。基于以上研究结论，为了能够进一步提升社会保障对农村居

民消费的积极作用，本章提出以下政策建议。

（1）加快完善农村社会保障体系。经济新常态下，应将不断改善民生作为政策目标，建立社会保障管理和社会化服务体系，实行社会保障待遇的社会化发放，积极稳妥地推进农民基本医疗保险制度改革，切实解决农民的后顾之忧。同时进一步强化社会保障立法，以法律形式将农村社会保障的稳定性、连贯性呈现出来，借助法律的强制性和约束性，推动社会保障工作的大力开展，逐步完善农村社会保障体系。完善的保障体系能够促进农村居民整体的收入安全感，调动农村居民消费的积极性，增加农村居民的消费能力和消费倾向，从而从整体角度提高农民的消费意愿，降低预防性储蓄，进而提高消费支出水平。

（2）扩大社会保障覆盖面，加大社保资金投入力度。扩大农村社会保障的覆盖面积，针对农村居民的收入水平状况分阶段、分批次地纳入社会保障体系，在社会保障上给全民公平的国民待遇，积极推进收入分配制度改革，探索农民增收的长效机制，促进农民收入的大幅增长，农民收入提高了，社会保障的压力就相对减小了。同时，当前各级财政也应充分调动积极性，不断优化公共支出结构，提高社会保障资金支出比例，落实相关配套财政投入，加大对农村社会保障资金的投入，并拓宽农村社会保障资金来源渠道，例如，通过开征农产品消费税、农村劳动力资源使用税等方式，充实农村社保基金。

（3）实现农村土地资本化，创新农村土地保障。在我国农村地区，土地是农民的最后一道保障线，担负生产和生活保障的双重作用。因此，尽管进城务农民工人数逐年增加，非农业收入是其主要的收入来源，但土地保障的功能并没有弱化或者丧失。在土地不能自由流转的条件下，由于收益较低，农民从土地保障中获取的收益很少，消费支出自然也会受到限制。因此，为了刺激农村消费，应该创新农村土地保障制度，实行农村土地资本化，把土地资源当作资本来经营，例如通过土地租赁、土地使用权买卖、土地信托以及土地股份合作制等土地资本化形式，促进农村土地流转，实现规模经济效应，从而使农村居民获取一定的经济报酬。

第 5 章　人口结构变动对农村居民消费行为的影响研究 *

——基于生命周期假说的理论设计与实证检验

5.1　问题的提出

如何启动居民消费，使经济增长良性化、可持续化，成为我国经济发展过程中所需要解决的重大问题，而解决这一问题的重点就在农村地区（李锐，2004；李春琦，2009）。问题的关键在于如何来启动农村居民的消费支出。为了寻找这一问题的答案，必须明确的是农村居民消费不足的原因何在？国内外很多学者注意到这个问题，并从各个方面对农村居民消费不足问题进行了有益的探讨。众多文献经常提到的解释因素包括：农村社会保障体制的缺乏、农民对未来收入和支出不确定的"预防性储蓄动机、城乡之间与农村内部的收入不平等、消费习惯与流动性约束等"。这些因素固然重要，但是，只要政府的政策合理，有倾向性，都是可以被缓解或解决的。还有一个非常

* 曾发表于《农业技术经济》2011 年第 4 期，笔者对题目和部分内容进行了修订。

重要的因素却很少有人提及，那就是人口结构变化对农村居民消费的影响。

由于不同年龄人群的消费方式是有差别的，例如中青年人的消费类型、习惯与儿童、老年人的肯定是不同的。改革开放以来，我国的人口结构发生了历史性的变化，人口的再生产类型从"高出生率、低死亡率和高自然增长率"类型转变为"低出生率、低死亡率和低自然增长率"，表现在实际中就是生育率的逐步下降和老龄化趋势的持续性加剧（郑长德，2007）。因此，农村居民消费率的下降是否与人口结构的变化有关是一个值得深入思考的重要现实问题（汪伟，2009），同时研究该问题对于我国今后制定长远的人口和经济政策具有一定的理论价值和实践指导意义。

5.2 文献综述

人口结构变动与居民消费率的关系最早集中反映在莫迪利亚尼等（1954）的生命周期假说理论中。该假说理论认为，个体将会根据自己一生的预期总收入来平滑自己在各期内的消费，以此实现整个生命周期内的效用最大化。因此，由于组成社会的各个家庭处在不同的生命周期阶段，在人口构成没有发生重大变化的情况下，消费支出与可支配收入和实际国民生产总值之间存在一种稳定的关系。但是，如果一个社会的人口构成比例发生变化，则边际消费倾向也会变化，如果社会中儿童的和老年人的比例增大，则消费倾向会提高，如果处于劳动阶段的中青年人的比例增大，则消费倾向会降低。

基于莫迪利亚尼的生命周期假说理论基础，国内外很多学者对人口结构变动与消费率或储蓄率的关系进行了实证研究。国外研究方面主要集中在分析人口结构对储蓄率的影响，只能间接反映与消费的关系。例如莱夫（Leff，1969、1971）利用47个欠发达国家、20个西方发达国家和7个东欧社会主义国家共 74 个个体的截面数据进行估计，分析出人均收入水平、经济增长速度、少儿抚养比、老年抚养比和总抚养比对国民储蓄具有显著影响，其中，各抚养比与储蓄率均呈现负相关。然而拉姆（Ram，1982）利用 1977 年 128 个国家的截面数据进一步分析，发现并不能证实抚养系数对储蓄率有显著影响。莫迪利亚尼（2004）运用中国 1953～2000 年的时间序列数据计量发现，我国居民的储蓄率与人均收入增长率、抚养系数存在明显的协整关系，中国的高储蓄率现象应该主要归咎于经济的高速增长与人口结构的改变。但是由于改革开放之前，我国实行的是计划经济体制，居民的储蓄具有一定的强制性，因而他的结论受到许多学者的质疑。凯利和罗伯特（Kelley and Robert，1996）利用 88 个国家 20 世纪 60 年代、70 年代和 80 年代三组横截面数据，分别对莱夫（Leff，1969）与梅森（Mason，1981）的理论模型进行了对比和验证，发现储蓄率在人均 GDP 较高的国家比较高，在人均 GDP 增长率较高的国家也比较高，同时，在 20 世纪 80 年代，少儿抚养比、老年抚养比与储蓄率具有较为显著的负相关关系，但是，在 20 世纪六七十年代，少儿抚养比与老年人抚养比对储蓄率的影响并不显著。德默（Demery，2006）利用在英国 1969～1998 年的家庭支出调查数据研究了年龄结构与储蓄率之间的关系，分析认为没有证据显示居民的储蓄率呈现先增后降的"驼峰状"，并且也不支持居民在退休以后其储蓄率为负的说法。

国内研究方面有关人口结构变动的影响依然主要集中在分析居民储蓄率上，也有部分学者对居民消费率的影响进行了有益探讨。例如，李文星、徐长生（2008）利用 1989～2004 年的省际面板数据，考察了我国人口年龄结构变化对居民消费的影响，结果表明，少儿抚养系数的下降提高了居民消费率，而老年抚养系数变化对居民消费的影响并不显著，因而他们认为人口年龄结构变化不是我国目前居民消费过低的原因。李响、王凯（2010）对 1993～2007 年我国人口年龄变动对农村居民消费的影响进行了实证分析，结果显示，农村少儿抚养比的下降与老人抚养比的上升都不利于农村居民消费的提升。还有李春琦（2010）针对我国人口老龄化和农村居民消费不足问题，利用 1978 ~ 2007 年中国宏观年度数据考察了人口结构变化对农村居民消费的影响，认为农村居民的消费习惯非常稳定，少儿抚养系数和老年抚养系数对居民消费均有显著的负影响。

通过以上文献的梳理可以看出，有关人口结构变动对消费的影响基本上都是通过分析储蓄率而间接体现两者的关系，同时研究结论也不尽相同。与已有研究不同，本章具有以下两个特点：一是在生命周期假说理论的框架下，通过动态规划尝试构建人口结构变动对居民消费产生直接影响的理论模型，为实证检验提供微观理论基础；二是选取农村居民为研究对象，并利用 1993 ~ 2017 年我国农村居民的有关宏观数据对理论模型做出实证检验。这一选择是考虑到我国农村地区的社会保障、医疗保险制度的不完善，养育子女和赡养老人基本上都是靠家庭成员来完成，因而更能体现抚养系数对消费的影响，保证估计结果的准确性。

5.3　理论分析框架与估计方程

我们以生命周期理论为出发点尝试建立本章的计量模型。如图 5.1 所示。

按照生命周期假说理论的基本思想，一个人在未成年期和老年期的消费高于收入，进行负储蓄；而在成年期的消费低于收入，进行正储蓄，以此平滑自己在各期内的消费，实现整个生命周期内的效用最大化，即：

$$C_0 = \frac{C_1}{1+r} = \frac{C_2}{(1+r)^2} \cdots = \frac{C_{t-1}}{(1+r)^{t-1}}$$

假设一个代表性消费者的效用函数为 $U(C) = \alpha \ln C$，其中，$U'(C) > 0$，并且 $U''(C) < 0$。假设该消费者的生命周期从 0 期开始，到 T 期结束，那么一

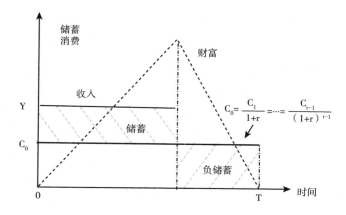

图 5.1 生命周期假说下的消费模式

个代表性个体的消费问题可以表示为：

最优化目标：

$$\text{Max} \int_0^T e^{-\delta t} \alpha \ln C dt \tag{5.1}$$

约束条件：

$$W' = (1 - s)Y + rW - C \tag{5.2}$$

横截性条件：

$$W(0) = 0, W(T) = C_0 \tag{5.3}$$

式（6.1）~式（6.3）中，C 为消费水平；$\delta(\delta > 0)$ 为贴现率；W 为家庭财富；r 为利率；s 为收入中用于平滑一生消费的储蓄比例（$s < 1$），它可以被视为居民少儿成长期和退休养老期的负担系数（简称负担系数）；Y 为家庭收入；C_0 为代表性消费者所维持的一生消费水平。其中，式（5.1）为目标函数，反映了一个理性的消费者将会追求一生的消费效用最大化。式（5.2）反映了家庭财富的流量约束，其中收入流为当期的收入 Y 和原有财富所产生的利息；支出流为当期消费以及为了平滑一生的消费水平而进行的储蓄准备。显然，当居民的消费水平大于收入水平时，这里的储蓄为负，$s < 0$；

当居民的消费水平小于收入水平时，这里的储蓄为正，$s > 0$。式（5.3）为横截性条件，由图5.1可以看出，起初居民的财富状况为0，而在生命周期的最后一年，其剩余的财富水平也仅够维持该年的平均消费水平 C_0。

为了求解此问题，构建哈密尔顿函数：

$$H = e^{-\delta t}\alpha\ln C + \lambda\big[(1-s)Y + rW - C\big]$$

则有 $\partial H/\partial C = \alpha e^{-\delta t}/C - \lambda = 0$，可得：

$$C(t) = \alpha e^{-\delta t}/\lambda \tag{5.4}$$

又因为 $\lambda' = -\partial H/\partial W = -r\lambda$，可得：

$$\lambda = \lambda_0 e^{-rt} \tag{5.5}$$

将式（5.6）代入式（5.4）可得：

$$C(t) = \alpha e^{rt-\delta t}/\lambda_0 \tag{5.6}$$

显然，要求解居民的消费函数，关键是求解出 λ_0。进一步将式（5.6）代入式（5.2），那么：$W' - rW = (1-s)Y - \alpha e^{rt-\delta t}/\lambda_0$，求解出微分方程得到：

$$W(t) = Ae^{rt} + \alpha e^{rt-\delta t}/(r\lambda_0) - (1-s)Y/r$$

根据已知的横截性条件，进一步求解得：

$$A = (1-s)Y/r - \alpha/(r\lambda_0) \tag{5.7}$$

$$\alpha/\lambda_0 = \frac{rC_0 + (1 - e^{rT})(1-s)Y}{e^{rT}(e^{-\delta T} - 1)} \tag{5.8}$$

再将式（5.8）代入式（5.6），即可得居民的消费函数为：

$$C(t) = \frac{re^{(r-\delta)t}}{e^{rT}(e^{-\delta T} - 1)}C_0 + \frac{(1 - e^{rT})e^{(r-\delta)t}(1-s)}{e^{rT}(e^{-\delta T} - 1)}Y \tag{5.9}$$

式（5.9）即反映了居民消费与家庭收入和负担系数的关系。由于 $e > 0$、$s < 1$，容易看出 $\dfrac{(1 - e^{rT})e^{(r-\delta)t}(1-s)}{e^{rT}(e^{-\delta T} - 1)} > 0$，这说明居民的家庭收入与其消

费呈正相关，这与现代消费理论的观点是一致的。对式（5.9）展开：

$$C(t) = \frac{re^{(r-\delta)t}}{e^{rT}(e^{-\delta T} - 1)}C_0 + \frac{(1 - e^{rT})e^{(r-\delta)t}}{e^{rT}(e^{-\delta T} - 1)}Y + \frac{(e^{rT} - 1)e^{(r-\delta)t}}{e^{rT}(e^{-\delta T} - 1)}Y \times s$$

$$(5.10)$$

式（5.10）能够进一步反映出居民的负担系数 s 对消费水平 C 的影响。由于 $\frac{(e^{rT} - 1)e^{(r-\delta)t}}{e^{rT}(e^{-\delta T} - 1)}Y$ 是小于 0 的，这就说明当居民的生命周期处于有工作能力时间段时，他的储蓄为正，s > 0，结合 $\frac{(e^{rT} - 1)e^{(r-\delta)t}}{e^{rT}(e^{-\delta T} - 1)}Y < 0$ 可知，负担系数的存在抑制了居民消费；当居民的生命周期处于未成年或老年时间段时，他的储蓄为负，s < 0，结合 $\frac{(e^{rT} - 1)e^{(r-\delta)t}}{e^{rT}(e^{-\delta T} - 1)}Y < 0$ 可知，此时负担系数的存在则促进了居民消费。这与生命周期假说理论是完全一致的，即劳动人口对应正储蓄，而儿童和退休人口对应负储蓄，当儿童和退休人口与劳动人口之比上升时，总储蓄率会下降，而消费率会上升。反之则相反。本章构建的计量方程将以式（5.10）为基础。

借鉴已有的国内外研究成果，这里选取消费率（CR）替代消费水平作为被解释变量。在解释变量中，为了避免收入水平 Y 与交互项 Ys 可能产生的多重共线性，我们用收入增长率 ΔY 来替代 Y，用收入的对数值 lnY 来替代交互项中的 Y；本章的研究目的是分析人口结构变动对消费的影响，而居民的负担系数取决于少儿抚养和老人赡养，因而将负担系数 s 划分为少儿抚养系数（YDR）和老人抚养系数（ODR）两个部分，并分别考察各抚养系数和 lnY × YDR、lnY × ODR 两个交互项对消费率的影响；除此之外，考虑到我国农村居民比较崇尚勤俭节约，消费行为往往受到过去消费习惯的影响，解释变量中还添加了滞后一期的消费率作为解释变量。这样构建的估计方程为：

$$CR_{it} = \alpha + \beta_1 \Delta Y_{it} + \beta_2 CR(-1)_{it} + \beta_3 YDR_{it} + \beta_4 ODR_{it}$$
$$+ \beta_5 (lnY \times YDR)_{it} + \beta_6 (lnY \times ODR)_{it} + u_{it} \quad (5.11)$$

本章的实证部分将会基于式（5.11）展开分析。人口的结构变动究竟对农村居民的消费起到什么样的作用，将取决于各 β 值的大小与符号。

5.4　数据来源与实证检验

上面的理论模型分析了农村居民的消费路径，理论结果显示，人口结构的变化影响农村居民的消费决策。在下一步的计量实证分析中，首先对基础模型式（5.11）进行面板回归，同时为了检验结果的回归结果的稳健性；其次加入其他解释变量进行检验，这些变量包括了实际利率水平（rate）、城乡收入比（城镇居民的人均可支配收入比上农村居民的人均纯收入，用 gap 表示）、通货膨胀水平（infla）和农村劳动参与率（parti）等。

5.4.1　数据来源及其统计性描述

本章使用的数据是我国 1993～2017 年的面板数据，其中，实际利率水平是根据《中国统计年鉴》和中国人民银行发布的公告计算而得，其计算方法是由一年期的存款利率减去通货膨胀；少儿抚养比和老年抚养比的数据来源于历年的《中国人口统计年鉴》；其他各变量的数据均来源于历年的《中国统计年鉴》公布的数据。由于重庆市 1997 年才从四川省划分出来成为直辖市，因而缺少 1997 年之前的数据，另外，西藏自治区部分年份的数据在统计年鉴中无法找到，故将这两个省（区、市）的数据在我们的样本中剔除。最终样本的横截面个体数为 29，全样本数量为 725。各变量的统计性描述如表 5.1 所示。

表 5.1　　　　　　　　　　　主要解释变量的统计性描述

变量	单位	观测值	均值	标准差	最小值	最大值
CR	%	725	85.7856	8.9982	54.6325	92.2354
ΔY	%	725	9.5628	3.9523	-10.4426	25.6982
YDR	%	725	29.2451	8.2150	8.9322	50.0800
ODR	%	725	13.8541	4.8600	6.1300	26.8796
rate	%	725	2.5532	1.3561	1.9390	6.5670
gap	比值	725	2.6012	0.5586	1.4582	4.7585
infla	%	725	45.0288	13.6660	20.0186	103.6275
parti	%	725	55.9980	9.5554	38.7812	69.8526
east 哑变量	—	725	0.4876	0.4326	0.0000	1.0000
middle 哑变量	—	725	0.3531	0.4012	0.0000	1.0000

5.4.2　模型的估计与分析

因为估计的方程中存在被解释变量的滞后项，这可能使估计结果存在异方差和自相关的情形，一般的 OLS 估计方法可能会产生有偏估计，因此，在估计方法上本章选择了广义最小二乘法（GLS）。同时为了选择有解释力的模型，我们分别对少儿抚养系数（YDR）、老年抚养系数（ODR）、抚养系数与收入对数值的交互项（lnY × YDR 和 lnY × ODR）和地区哑变量（east 和 middle）进行交替取舍，构建出六种模型估计形式，以此对比分析各主要解释变量系数的平稳性。具体选取的变量和估计的结果如表 5.2 所示。

表 5.2　　　　　　　　　　　面板数据的 GLS 估计结果

解释变量	模型估计					
	模型 1	模型 2	模型 3	模型 4	模型 5	模型 6
CR(-1)	0.6687 ***	0.9023 ***	0.9421 ***	0.9088 ***	0.6536 ***	0.8889 ***
	(15.2365)	(39.5264)	(42.5846)	(41.0258)	(25.4441)	(40.0132)
ΔY	-0.2587 ***	-0.3032 ***	-0.2955 ***	-0.3568 ***	-0.3012 ***	-0.3652 ***
	(-5.6985)	(-10.2547)	(-4.2598)	(-8.5269)	(-5.6652)	(-105247)

续表

解释变量	模型估计					
	模型 1	模型 2	模型 3	模型 4	模型 5	模型 6
YDR	−0.3857 *** (−8.3256)	−0.3899 *** (−3.6526)	−0.5656 *** (−4.8578)	−0.4988 ** (−2.8585)		
ODR	−0.1832 * (−1.9981)	−0.1987 *** (−3.5656)	−0.2021 * (−1.7458)	−0.2220 * (−1.9055)		
lnY × YDR			−0.0663 * (1.9686)	−0.1402 ** (2.6687)	−0.1788 *** (5.2014)	−0.1251 * (1.9982)
lnY × ODR			−0.1655 * (−2.5870)	−0.0988 * (−1.9958)	−0.1101 ** (−2.8547)	−0.1017 *** (−3.8877)
east 哑变量		−1.6623 ** (−3.2541)		−2.7458 *** (−3.5623)		−2.0854 *** (−4.5578)
middle 哑变量		−1.2014 (−1.8563)		−1.2687 * (−2.5574)		−1.3333 ** (−2.9632)
常数项	10.9514 **** (15.9953)	13.7536 *** (8.2457)	9.6622 *** (7.8931)	11.1124 *** (6.2105)	17.5428 *** (10.8452)	12.1216 *** (9.8891)
R^2	92.589	91.8560	89.7412	89.6582	93.3362	91.5289
F 统计量 (Pr > F)	121.5289 (0.0000)	358.9658 (0.0000)	410.4578 (0.0000)	386.1216 (0.0000)	256.1221 (0.0000)	447.6547 (0.0000)
DW 值	1.9022	2.0011	1.9020	1.8835	1.8012	2.0011

注：***、** 和 * 分别表示了通过1%、5%和10%的显著性水平。

在前四个模型的估计结果中，少儿抚养系数对消费率的影响在5%水平上均显著为负。这说明了随着少儿抚养系数的下降（见表5.1），农村居民的消费水平反而是在增长的。这与生命周期假说理论是不一致的。生命周期假说预言少儿抚养系数与储蓄率负相关，与居民消费率之间是正相关。而且国外现有很多文献要么支持该假说，要么少儿抚养系数与居民消费率之间无显著关系（Leff，1969、1971；Mason，1981；Kelley，1996；Modigliani，2004；Demery，2006；et al.）。分析原因，可能像李文星（2008）等解释的与我国现阶段国情、民情的特征有关。一方面我国居民非常重视子女的教育问题，特别是农村居民，他们迫切希望自己的孩子能够"走出农村"，摆脱农村落后的生活环境，同时还能为自己争光，受到亲朋好友的尊重和赞扬。因此，随着农村居民收入水平的增长，他们愿意将大部分的收入用于对子女的人力资本投资，特别是当这部分投资的增加超过了因孩子数量的减少时，农民居民的消费率便会不降反升。另一方面当前我国农村居民的养老问题主要还是依靠子女来完成，当因生育政策而使子女数较少时，他们的养老问题只能依靠数量较少的劳动力来解决，为了保障未来劳动生产率的显著提高，他们愿意用更多的消费支出为子女装备资本。除此之外，在我国农村地区还一个特色，由于农业劳动在操作上相对简单，农村地区的子女一般会较早地投入劳动中，这在一定程度上会缩短生命周期中的少儿期，延长工作年龄期限，从而增加农民的收入预期，进而刺激其消费需求。

老人抚养系数对农村居民消费率的影响在 10% 的水平上显著，方向依然为负。这说明，随着老人抚养系数的上升（见表 5.1），农村居民的消费水平降低了，这也与生命周期假说相反。产生这种背离现象同样可能与长期以来我国农村的社会特征密切相关。首先，我国农村地区的养老保障机制刚刚起步，农民的参与率还不足 10%，在养老保障机制不健全的情况下，家庭仍是农村居民养老的主要依托，因而人们只能减少消费支出，将储蓄存款作为养老保障的替代品，以防范未来的各种不确定性。其次，我国居民比较重视子女的效应，因而往往会节衣缩食减少当前消费，目的就是能给子女遗赠财产，这在代际关系紧密和家庭"遗赠动机"强烈的农村地区更是普遍。最后，由于农村老年人的消费习惯更为保守，他们崇尚节约，消费行为谨慎，除了购买基本的廉价日用品外，几乎不会购买任何的高档奢侈品，消费观念落后也是消费不足的因素之一。

进一步观察收入对数值与抚养系数的交互项对农村居民消费的影响（模型 3 和模型 4）。在加入了两个交互项（$\ln Y \times YDR$ 和 $\ln Y \times ODR$）后，少儿抚养系数和老人抚养系数的显著性明显降低，可能的原因是多重共线性。为了防止估计结果的误导，模型 5 和模型 6 还专门剔除少儿抚养系数和老人抚养系数，以两个交互项作为主要的解释变量，发现其系数符号没有变化。因而可以得出以下结论：农村居民的收入水平对消费率的偏效应（$\partial CR/\partial \ln Y$）为 $\beta_5 \times YDR + \beta_6 \times ODR$，表明农村居民的收入水平对消费率的促进作用会因少儿抚养系数的下降而被强化，随着老人抚养系数的逐步上升而被弱化。另外，少儿抚养系数与老人抚养系数对消费率贡献度的偏效应（$\partial CR/YDR$ 和 $\partial CR/ODR$）为 $\beta_3 + \beta_5 \ln Y$ 和 $\beta_4 + \beta_6 \ln Y$，表明随着农村居民收入水平的上升，少儿抚养系数的下降对消费率的贡献被强化，而老人抚养系数的上升对消费率的贡献被弱化。

5.4.3 稳健性检验

在上面基本回归估计的基础上，为了检验各主要解释变量的平稳性，我们进一步加入实际利率、城乡收入差距、通货膨胀水平和农村地区劳动参与率等解释变量，发现这些变量对农村居民消费率的影响均具有显著性（见表 5.3）。相比表 5.2 中的回归结果，虽然所关注的主要变量的系数值都有所减少，甚至个别不显著，但是其符号依然没有变化，说明表 5.2 中的估计结果具有较好的稳健性。同时，为了进一步避免可能存在的多重共线性对估计结果的误导，通过进行变量的联合显著性检验，发现两个抚养系数与两个交互项是联合显著的，交互项的符号也符合预期，符号没有改变，因而收入水平和抚养系数的偏效应的结论依然成立。

表 5.3　　　　　　　　　　　　估计结果的稳健性检验

解释变量	稳健性检验					
	模型 1	模型 2	模型 3	模型 4	模型 5	模型 6
CR(−1)	0.9210 *** (43.8541)	0.9152 *** (43.9654)	0.91110 *** (42.8856)	0.9024 *** (45.1024)	0.9042 *** (44.6325)	0.9080 *** (41.2589)
ΔY	− 0.2852 *** (− 5.1236)	− 0.2744 *** (− 5.1485)	− 0.2888 *** (− 5.8965)	− 0.3645 *** (− 9.5246)	− 0.3210 *** (− 8.9965)	− 0.3011 *** (− 6.0041)

续表

解释变量	稳健性检验					
	模型 1	模型 2	模型 3	模型 4	模型 5	模型 6
YDR	-0.4219 * (-2.5698)	-0.3633 * (-2.3201)	-0.3520 * (-1.8895)	-0.4147 ** (-3.0245)		
ODR	-0.0335 ** (-2.5326)	-0.0462 * (-2.12561)	-0.0405 * (-2.1036)	-0.0325 * (-1.9520)		
lnY × YDR			-0.0500 (-1.6521)	-0.0657 ** (-2.2365)	-0.0234 * (-1.9284)	-0.0198 ** (-2.2236)
lnY × ODR			-0.0589 * (-1.8920)	-0.0785 ** (-2.4411)	-0.0269 ** (-2.2296)	-0.0335 * (-1.9658)
rate	-1.6021 *** (-7.0012)	-1.4569 *** (-6.9995)	-1.5248 *** (-8.7412)	-1.5542 *** (-8.7985)	-1.5087 *** (-7.5532)	-1.3665 *** (-8.0010)
gap	-0.1422 *** (-4.0123)	-0.1433 *** (-3.2015)	-0.1201 *** (-3.5542)	-0.1441 *** - (4.0011)	-0.1520 *** (-3.5236)	-0.1489 *** (-3.8989)
infla	0.0511 *** (3.3302)	0.0500 *** (3.2222)	0.0436 *** (3.7744)	0.0385 *** (3.0258)	0.0485 *** (3.5547)	0.0512 *** (3.6983)
parti	0.4689 *** (4.8963)	0.4532 *** (5.0156)	0.5103 *** (5.2469)	0.4687 *** (5.6632)	0.5950 *** (4.7752)	0.5874 *** (5.3356)
East 哑变量		-0.9579 * (-1.9368)		-1.5471 * (-2.2106)		-1.1115 * (-1.9523)
Middle 哑变量		-0.8852 * (-2.1142)		-0.1653 (-1.5862)		-0.8785 * (-1.9654)
常数项	9.8579 *** (9.5687)	6.8549 *** (3.9989)	6.8767 *** (5.8012)	8.2264 *** (4.6548)	7.5264 *** (6.8523)	7.9854 *** (4.5628)
YDR, lnY × YDR 联合显著 p 值			0.0772	0.0641		
ODR, lnY × ODR 联合显著 p 值			0.0744	0.0521		
R^2	93.5200	90.1102	92.5895	94.8764	92.0024	95.6543
F 统计量 （Pr > F）	420.8975 (0.0000)	301.2301 (0.0000)	352.8564 (0.0000)	471.6398 (0.0000)	529.7415 (0.0000)	336.5213 (0.0000)
DW 值	2.0220	2.0102	2.1001	2.0520	2.0012	2.0238

注：*** 、** 和 * 分别表示了通过 1%、5% 和 10% 的显著性水平。

另外，在其他各解释变量中，实际利率的符号显著为负，收入差距的符号显著为负，通货膨胀的符号显著为正，农村居民劳动参与率的符号显著为正，这些均与经济理论和经验事实相符。其中滞后一期的农村居民消费率对其当期消费率的影响在各个估计模型中非常显著和稳定，反映了我国农村居民的消费习惯的平稳性，进一步证实我国农村居民崇尚节俭，消费决策谨慎，要改变他们的这种习惯将是一个长期的过程。

5.5　结论与政策启示

本章的理论分析较好地印证了生命周期假说的基本思想，即劳动人口对应正储蓄，而儿童和退休人口对应负储蓄，当儿童和退休人口与劳动人口之比上升时，总储蓄率会下降，而消费率会上升，反之则相反。但是利用 1993～2017 年的省际面板数据进行实证分析却发现，少儿抚养系数和老年抚养系数对农村居民的消费均具有较为显著的负影响，反映出当前我国农村少儿抚养系数的下降促进了消费，而老年系数的上升反而抑制了消费。原因主要是我国的农村社会所具有的固有特征，一方面，随着子女数量的减少和收入水平的稳定增长，农村居民"望子成龙""望女成凤"的思想越发强烈，他们愿意将大部分的收入用于子女的人力资本投资，以此保障未来劳动生产率出现显著的提高，使依靠家庭来养老的传统形式即使在子女数量减少时依然能有所保证。另一方面，由于农村地区社会保障资源匮乏，医疗、卫生、养老保险等改革还不完善，为了应对将来的不时之需，同时关心后代人的幸福，在保证了生活必需品支出以后，农村居民的储蓄动机、遗赠动机依然强烈。

结合以上分析结论，从人口结构角度来看，启动农村消费市场的关键在于消除农村居民因为长期社会保障资源的匮乏而引起的储蓄动机和消费谨慎

习惯。特别是随着人口死亡率下降和预期寿命的增强，老年抚养系数会逐步
上升，储蓄动机和消费习惯对农村地区消费率的抑制作用还可能扩大。因此，
未来的生育政策和其他经济政策应更多地考虑人口老龄化的影响，而完善农
村医疗保险、养老保险等社会保障体系成为避免老龄化态势给农村消费市场
带来负面影响的重要举措。

第 6 章　收入不确定性对农村居民消费行为的影响研究 *

6.1　问题的提出

收入不确定性一直都是研究居民消费问题中的一个至关重要的影响因素。尤其是对农村居民，由于农业生产最本质的特点是自然再生产和经济再生产相互交织，因而在农业生产过程中存在"自然"和"市场"双重风险，致使农村居民面对的收入不确定性相对深刻，对其消费决策的影响更加明显（陈冲，2010）。一系列的理论与经验研究也表明，收入不确定性对消费决策影响的重要性是毋庸置疑的，收入不确定性从定性和定量上均深刻地影响着农村居民的消费行为（万光华，2004；刘兆博，2007；易行健，2008；王健宇、徐会奇，2010；杜宇玮、刘东皇，2010；贾男、甘犁，2011；朱信凯、骆辰，2011；等等）。

然而通过文献的梳理会发现已有研究中存在几点不足：首先，虽然"收

---

　　* 曾发表于《经济科学》2014 年第 3 期，笔者对题目和部分内容进行了修订。

入不确定性会对农村居民消费行为产生显著影响"的结论得到诸多学者们的认可，但是关于"收入不确定性对农村居民消费的影响到底有多大"问题，专门的定量研究不多，并且由于不同的学者出于不同的理论基础，对于收入不确定性指标采取不同的度量方法，使研究结论还并不统一。其次，按照美国芝加哥学派创始人奈特（2005）对不确定性的定义，收入不确定性对消费的影响效应不应该是单一的①，而是应该划分为"优于预期"的正向不确定性和"劣于预期"的负向不确定性两个方面区别分析，但是由于当前绝大多数文献中选取方差、标准差或者代理变量等形式，而这些度量方法不能有效地区分出收入不确定性的方向（即正向不确定性和负向不确定性），使研究内容难以细化和拓展。最后，收入不确定性之所以能够对居民的消费行为产生影响，行为经济学认为，其直接原因在于收入变化所产生的不确定性心理状态。然而由于经济个体的心理状况带有很强的主观色彩，直接利用数据很难进行衡量，因而"由收入变化所产生的不确定性心理状态是否会农村居民的消费行为产生影响？产生何种影响？"，目前相关的文献几乎没有。

　　基于以上不足，本章欲在综合考虑各类收入不确定性度量方法优缺点的基础上，严格从不确定性的定义出发，选取较为科学的收入不确定性测算方法，首先就"收入不确定性对我国农村居民消费的影响到底有多大"进行定量分析，以期能够在一定程度上解释收入不确定性对我国农村居民消费决策的综合影响效果；其次将收入不确定性按照其定义划分出"优于预期"的正向不确定性和"劣于预期"的负向不确定性，具体分析收入不确定性的方向会对农村居民的消费行为产生何种影响；最后借助于行为经济学中的前景理论，探析收入不确定性对农村居民消费性产生影响的内部原因，即不确定性心理状态对其消费行为可能产生的影响。关于这一问题，本章的逻辑是收入不确定性之所以会对农村居民的消费行为产生影响，是因为当农村居民的实

---

　　①　已有研究中绝大多数选取了方差、标准差或者代理变量等衡量收入不确定性，研究结论普遍认为收入不确定性的存在导致了农村居民出现较为严重的预防性储蓄倾向，使其消费行为相对谨慎。

际收入出现预期之外的增长或减少时，它们所带来的不确定性心理状态会不同，进而使其心理安全①产生差异，最终使农村居民的消费决策也就可能不同。这里需要说明的是，虽然不确定性的心理状况带有很强的主观性色彩，很难直接度量，但是在客观上，利用适当的虚拟变量指标，可以间接测度出不确定性心理减弱（安全心理增强）和不确定性心理未减弱（安全心理未增强）两种状态。因此，在一定程度上本章将从不确定性程度、不确定性方向和不确定性心理状态三个维度，来更加全面地来考察收入不确定性对我国农村居民消费行为的影响，以期能为如何更好地从收入层面促进农村居民的消费提供客观依据。

6.2　量化方法与计量模型

6.2.1　收入不确定性的量化

自霍尔（Hall，1978）的随机游走假说开启了不确定性条件下消费理论的研究之后，作为活水之源，收入不确定性成为预防性储蓄理论（Leland，1968）、流动性约束理论（Deaton，1991）、缓冲库存假说（Carroll and Samwick，1998）等相关消费理论形成和发展的重要基础要素。而如何对收入不确定性进行科学、准确的度量，也就成为实证检验这些理论、分析实际中收入不确定性因素究竟对居民消费产生了什么样影响的关键环节。目前文献中有关收入不确定性的量化方法大体上可以归纳为四类：其中，第Ⅰ类是使用

---

　　① 按照心理学定义，心理安全是指人们对未来可能出现的风险的主观感受，以及在应对变故时的确知感和可控感，一般心理安全越强，其行为决策越积极。

诸如职业、失业率等代理指标来衡量收入不确定性，代表性人物有福德曼（Friedman，1957），斯金纳（Skinner，1988），杭斌、郭香俊（2009）等。虽然这一方法在数据收集上相对容易，也具有一定的科学性，但往往衡量的收入不确定性指标过于间接和单一，会产生较大的偏差。第Ⅱ类是采用与收入相关数据的方差和标准差等形式进行度量，代表性人物有卡罗尔（Carroll，1998），戴南（Dynan，1993），孙凤、王玉华（2001），施建淮（2004），刘兆博、马树才（2007）等。这一方法虽然能够反映出不同群体间的差异程度，但只能反映出收入不确定性的某一方面特征，不全面，甚至还需要其他的辅助变量进一步证实。第Ⅲ类是采用调查问卷方式，代表性人物有吉索等（Guiso et al.，1994）和朱信凯（2003、2005）等。虽然可以通过调查问卷直接获取人们的不确定性感知程度，但经常受到一些技术性困难的限制，并且带有很多主观性因素的影响。第Ⅳ类则是通过计算收入的预期值与实际值差额来度量收入不确定性，代表性人物有臧旭恒、裴春霞（2004）以及罗楚亮（2004）等。相比其他各类，该方法与不确定性的概念最为贴近，但是这一方法在测量收入不确定性的过程中，并没有对人们预期之内的收入波动进行剔除，在一定程度上会放大居民收入的不确定性程度。因为根据奈特（2005）对"不确定性"的定义①，可以预期到的收入波动不属于收入不确定性范畴，只有人们没有预期到的收入波动才是真正意义上的收入不确定性。

因此，按照不确定性的定义，要对我国农村居民的收入不确定性进行较为科学的量化，就必须对农村居民预期到的收入变化和未预期到收入变化进行区分。这里结合以上对已有收入不确定性量化方法的评述，遵循不确定性的定义，选取"预期收入离差率"来量化我国农村居民的收入不确定性②。其具体测算方法如下。

---

① 奈特（2005）认为，不确定性是指与概率无关的、人们无法预料、测度和控制的变化。
② 这一思路的启发来源于王健宇（2010）、张振（2011）等对收入不确定性的度量方法。

假设农村居民上一年的实际收入为 Y_{t-1}，第 t 年的预期收入为 Y_t^e，可预期到的第 t 年的收入增长率为 $r_t\%$，根据以上信息，即可测算出农村居民各年的预期收入为：

$$Y_t^e = Y_{t-1} \times (1 + r_t\%) \tag{6.1}$$

其中，对于预期收入增长率 $r_t\%$ 的计算，借鉴王健宇（2010）、张振（2011）等在计算预期收入时的做法，以每 3 年农村居民实际收入 Y_t 的平均增长率作为其预期到的收入增长率，其计算公式为 $r_t\% = (Y_{t-3}\% + Y_{t-2}\% + Y_{t-1}\%)/3$。这样利用式（6.1）计算出农村居民各年的预期收入之后，则可得到各年收入的预期之外部分，即"预期收入离差"（用 ED_t 表示）。其计算公式为：

$$ED_t = Y_t^e - Y_t \tag{6.2}$$

进一步考虑到不同年份里农村居民的收入水平是不同的，而相同的"预期收入离差"可能对不同收入水平的农村居民产生不同的影响（罗楚亮，2006；田青、高铁梅，2009），这就使各个年份里的"预期收入离差"缺乏可比性。因此，最终引入"预期收入离差率"（用 EDR_t 表示）来度量农村居民的收入不确定性。它是将"预期收入离差"与预期收入进行相比，反映出收入预期之外变化的比例大小。即：

$$EDR_t = \frac{ED_t}{Y_t^e} = \frac{Y_e - Y_t}{Y_e} = 1 - \frac{Y_t}{Y_{t-1} \times (1 + r_t\%)} \tag{6.3}$$

利用历年《中国统计年鉴》数据，结合式（6.3），很容易测算出全国或不同地区农村居民的收入不确定性。以全国的农村居民为例（见图6.1），量化的收入不确定性结果（预期收入离差率）有时是正数有时是负数。正负符号反映了不确定性对农村居民收入的影响方向。如果是正号，说明了农村居民的收入发生了预期之外的增长，即"优于预期"的正向不确定性；而如果是负号，则说明了农村居民的收入没有达到预期目标，即"劣于预期"的负

向不确定性。收入不确定性究竟会对农村居民消费行为产生什么样的影响，
有待进一步的实证检验。

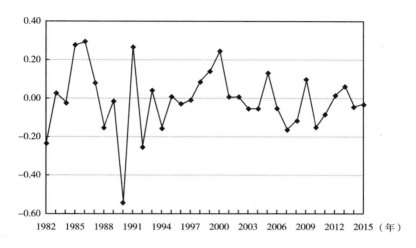

图 6.1　农村居民各年收入不确定性的量化（预期收入离差率）

6.2.2　基本计量模型与方法

西方消费理论的一个重要分支，是针对传统确定性消费理论的严格假设
问题，引入收入不确定性因素，并将消费者的效用函数从二次型拓展到常相
对风险厌恶函数和常绝对风险厌恶函数，以此分析不确定性条件下消费者的
跨期消费行为。其中，有学者在分析不确定性条件下消费者的最优消费路径
时，发现消费者的最优消费主要受持久收入和收入不确定性的影响（John D.
Hey and Valentino Dardanoni，1991），即 $C_t^* = f(y_t^P, \sigma_y)$。而施建淮和朱海婷
（2004）利用常绝对风险规避型（constant absolute risk aversion，CARA）效用
函数，通过动态规划方法，在经验研究中进一步建立了居民最优消费与持久
收入、收入不确定性的线性模型，即：

$$C_t^* = \alpha + y_t^P + \beta\sigma_y + \mu_t \qquad (6.4)$$

由于以上的分析中均是基于严格持久收入假说理论，因而消费对持久收入的边际系数（$\partial C_t / \partial y_t^P$）为 1，而在一般的研究中，常采用的是弱式持久收入假说理论，即 $0 < \partial C_t / \partial y_t^P < 1$。本章在式（6.4）的基础上，按照常规做法（选择弱式持久收入假说理论），同时选择对数形式消除异方差，建立计量分析中所需的基础检验模型。

模型 1：
$$\ln C_t = \alpha + \beta_1 \ln y_t^P + \beta_2 EDR_t + \varepsilon_t \tag{6.5}$$

其中，C_t 表示农村居民的消费水平；y_t^P 表示农村居民的持久收入水平；EDR_t 表示农村居民收入不确定性（即预期收入离差率）；ε_t 为随机误差项。利用模型 1 即可分析出收入不确定性程度（包括数值大小和方向）对农村居民消费行为影响的综合效果。这里模型 1 的形式虽然看似简单，但是其经济理论意义丰富，特别是"预期收入离差率"（EDR_t）的系数 β_2。在现有的研究中，当利用收入的方差或标准差来度量不确定性时，一般都会得到 $\beta_2 < 0$ 的结论，这事实上也符合预防性储蓄的基本理论思想，即不确定性的存在会使农村居民少消费、多储蓄。但是本章使用 EDR_t 来度量收入不确定性，不同于方差或标准差，EDR_t 的数值有正有负，具有了方向性，这使 β_2 极有可能大于0。因为当农村居民的收入出现预期之外的增长时，农村居民对未来生活保障会更有信心，不确定性心理较弱，一般会促进消费；相反，当农村居民的收入没有达到预期目标时，则他们的不确定性心理可能会增强，为了应对未来的不时之需，就会减少当前消费，出现一定程度的预防性储蓄。当然这也是一个有待进一步检验的命题。

另外，模型 1 中 EDR_t 的系数 β_2 只能反映出收入不确定性对农村居民消费行为影响的一个综合效应，并没有对 β_2 进行细分。就是说既然收入不确定性指标（EDR_t）的数值有正有负，具有方向性，那么在 $EDR_t > 0$ 的年份和在 $EDR_t < 0$ 的年份里，这两种不同方向的收入不确定性对农村居民消费行为的影响有何区别呢？为了解决这一问题，在模型 1 的基础上，借鉴一些学者（孔东民，2005）；（戴丽娜，2010；Mankiw，1990；Shea，1995；Darkos，

2002）的做法，本章构造一组以下形式的虚拟变量 Dum_t，对研究内容进一步拓展，具体为：

$$\text{Dum}_t = \begin{cases} 0 & \text{当 } \text{EDR}_t < 0，\text{"劣于预期"的负向不确定性} \\ 1 & \text{当 } \text{EDR}_t > 0，\text{"优于预期"的正向不确定性} \end{cases}$$

其含义是：当 $\text{EDR}_t < 0$，说明农村居民的实际收入没有达到其预期目标，收入发生了意外的减少，即为"劣于预期"的负向不确定性；而当 $\text{EDR}t > 0$ 时，则说明农村居民的收入发生与预期之外的增长，即为"优于预期"的正向不确定性。为了同时分析由于预期偏差而产生的正、负不确定性对农村居民消费行为的具体影响，将 Dum_t 引入式（6.5），即可得本章拓展的用于分析不确定性方向对农村居民消费行为影响的计量模型：

模型 2：

$$\ln C_{it} = \alpha_i + \beta_1 \ln y_t^P + \beta_{21} \text{Dum} \times \text{EDR}_t + \beta_{22}(1 - \text{Dum}) \times \text{EDR}_t + \omega_t$$

$$(6.6)$$

其中，β_{21} 反映了"优于预期"正向不确定性对农村居民消费行为的影响程度；而 β_{22} 反映了"劣于预期"的负向不确定性对农村居民消费行为的影响程度。两者具体的影响区别，同样有待进一步实证检验。

不仅如此，本章所感兴趣的不仅仅是收入不确定性（EDR_t）程度和方向的影响，我们还需了解的是，由收入不确定性的变化所导致的农村居民的不确定性心理变化可能对其消费行为产生的影响。因为当农村居民的实际收入出现预期之外的增加或减少时，它们所带来的不确定性心理状态可能会不同，使农村居民的心理安全产生差异，最终影响到农村居民的消费决策。这里根据收入不确定性（EDR_t）的变化，借鉴贺京同、那艺（2009）对于居民安全心理的测度方法，借助《行为经济学》中的"前景理论"（见图6.2），将不确定性心理（增强或减弱）也看作一种"价值物"，并总以上一期不确定性水平作为基准的参照点，那么就可以设立两个虚拟变量来反映农村居民不确定性心理的"损失规避"[1]，进而检验不确定性心理状态对消费行为的影响是否存在。具体设置形式为：

$$FALL_t = \begin{cases} 0 & \text{当 } EDR_t - EDR_{t-1} \leqslant 0 \\ 1 & \text{当 } EDR_t - EDR_{t-1} > 0 \end{cases}$$

$$RISE_t = \begin{cases} 0 & \text{当 } EDR_t - EDR_{t-1} > 0 \\ 1 & \text{当 } EDR_t - EDR_{t-1} \leqslant 0 \end{cases}$$

其中，$FALL_t$ 表示了农村居民处于不确定性心理的减弱状况，因为当 $EDR_t - EDR_{t-1} > 0$，说明相比上一年，今年预期之外的正收入的比例是增加了（当 $EDR_t > 0$），或者是预期之外的负收入的比例在下降（当 $EDR_t < 0$），此时居民的心理安全应该是增强的，不确定性心理则相应减弱[2]；反之同理，$RISE_t$ 表示了农村居民处于不确定性心理的未减弱状况，因为当 $EDR_t - EDR_{t-1} \leqslant 0$，说明相比上一年，今年预期之外的正收入的比例在减少或没有变化（当 $EDR_t > 0$），又或者是预期之外的负收入的比例在增加或不变（当 $EDR_t < 0$），居民的

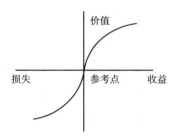

图 6.2　前景理论的损失规避

----

① "前景理论"具有三大基本特征（Kahneman, D. and Tvershy, A., 1979）：一是大多数人在面临获得时是风险规避的；二是大多数人在面临损失时是风险偏爱的；三是人们对损失比对获得更敏感。因此，人们对损失和获得的敏感程度是不同的，损失时的痛苦感要大大超过相同的获得时的快乐感。其中"前景理论"的第三个特征，也被称为"损失规避"特征，描述了当人们做有关收益和有关损失的决策时，表现出的不对称性。简单地说就是"白捡的 100 元所带来的快乐，难以抵消丢失 100 元所带来的痛苦"。

② 这里隐含的假定是农村居民将上一期的 EDR_{t-1} 作为本期 EDR_t 参考点进行比较。实际中经济个体在进行决策时将当前情况与"最近的过去"进行比较是很自然的。

心理安全自然没有增加，不确定性心理处于了未减弱状态。这样在加入虚拟
变量之后，即可得到本章所拓展的另一计量模型：

模型 3：

$$\ln C_t = \alpha + \beta_{11}(FALL_t)\ln y_t^P + \beta_{12}(RISE_t)\ln y_t^P + \beta_2 EDR_t + \upsilon_t \quad (6.7)$$

其中，虚拟变量 FALLt 和 RISEt 将有助于我们观察，当农民居民的收入不确
定性发生变化后，其所导致不确定性心理变化可能对他们的消费行为产生什
么样的影响，以及不确定性心理的减弱和未减弱状态的影响程度是否具有对
称性等问题。

6.3　数据说明与实证结果

6.3.1　数据说明

本章的实证部分将利用国内 29 个省份 1993 ~ 2015 年的面板数据①，通过
建立面板协整来分析收入不确定性对农村居民消费行为的具体影响。所用数
据均来自 1994 ~ 2013 年《中国统计年鉴》《新中国 60 年统计资料汇编》和
中经网数据库。所有指标的数据均为人均值，并以 1993 年为基期利用消费价
格指数进行了调整，剔除价格因素的影响。涉及的主要变量包括了 1993 ~
2012 年各省份（直辖市）农村居民的消费支出水平、持久收入水平、收入不
确定性指标。此外，为了检验面板模型估计结果的稳健性，实证分析中还将

---

　　①　这里需要说明的是，在全国 31 个省份（直辖市）中，重庆市是从 1997 年才从四川省中划分
出来，因而 1997 年之前的数据没有，同时，在《中国统计年鉴》中，西藏自治区很多年份的数据缺
失，故将重庆市和西藏自治区在样本中删除，样本个体总数为 29 个。

在研究消费问题中经常涉及的流动性约束、实际利率和通货膨胀等指标引入。各变量的具体说明如下。

（1）农村居民的人均消费支出 C_{it}：农村居民的消费支出是指农村住户用于生产、生活和再分配的全部支出，它包括了家庭经营费用支出、购置生产性固定资产支出、生活消费支出、财产性支出和转移性支出等。由于本章的研究目的在于考察收入确定性对农村居民的消费支出的影响，因而这里的消费支出指的是各个省份农村居民的生活消费支出。

（2）持久收入水平 y_{it}^P：对于农村居民持久收入的计算，我们采用现有文献中的绝大多数做法，持久收入为现期收入和前两年收入的平均值，其计算公式为：

$$y_{it}^P = (Y_{it} + Y_{it-1} + Y_{it-2})/3$$

其中，Y_{it} 表示各个省份农村居民的人均纯收入。

（3）流动性约束 LC_{it}：流动性约束没有直接的数据可以获得。这里借鉴田岗（2004）和杜宇玮、刘东皇（2011）的做法，选取各个省份农村居民人均年储蓄存款的增加额（$\triangle S$）占人均纯收入（$\triangle Y$）的比重（$\triangle S/\triangle Y$）来度量不同地区农村居民面临的流动性约束，这一做法的思路是面对流动性约束，约束性越强，农村居民的储蓄倾向更强，以此来依靠自身储备缓解流动性约束。

（4）实际利率（RR_{it}）：实际利率由中央人民银行发布的各年一年期存款基准率，按其实施月份进行加权后减去该年的物价水平（以 1978 年为基期）而来。

（5）通货膨胀（INF_{it}）：通货膨胀水平利用历年《中国统计年鉴》公布的各年的消费者物价（CPI）指数测算而来（以 1978 年为基期）。

（6）收入不确定性指标。对于收入不确定性的度量，预期收入离差率（EDR_{it}）能够衡量农村居民面临的不确定性程度（即数值大小和方向的综合影响）；Dum_{it} 的引入能够将不确定性方向进行区分；而虚拟变量 $FALL_{it}$ 和

$RISE_{it}$在一定程度上反映了农村居民的不确定性心理状态。另外，作为对比分析，按照现有文献的常见做法，本章还利用农村居民实际人均纯收入增长率的标准差来重新度量收入不确定性，记为uny_t。uny_t所衡量的收入不确定性没有方向性，但是能够反映出农村居民收入增长率的波动程度，一般来说，波动幅度越大，农村居民的消费更为保守。

6.3.2　实证结果及其分析

本章的实证部分采用了面板数据进行估计，为了防止"虚假回归"的出现，在回归之前先对各解释变量和被解释变量进行面板单位根检验。如果各变量均是平稳序列，那么直接对模型进行面板回归；如果各变量的差分形式平稳，那么就采用 Engle – Granger 的两步法。通过对回归结果的残差进行面板单位根检验来判断各变量间是否具有协整关系，然后再分析估计结果。除此之外，在各个模型估计结果的基础上，实证分析中我们将流动性约束、实际利率和通货膨胀三个可能对消费行为产生影响的变量引入模型，以此来检验估计结果的稳健性，确保分析结果的准确性和科学性。具体面板单位根检验结果如表 6.1 所示。

表 6.1　　　　　　　　　　各变量的面板单位根检验结果

指标	面板单位根检验方法				
	LLC	Breitung	IPS	ADF—Fisher	PP—Fisher
lnC_t	– 11.4630 *** (A，T，1)	– 2.6991 *** (A，T，1)	– 5.0580 *** (A，T，1)	117.4429 *** (A，T，1)	173.9801 *** (A，T，1)
lny_t^P	– 10.8185 *** (A，T，1)	– 0.5326 (A，T，1)	– 5.0823 *** (A，T，1)	121.5493 *** (A，T，1)	177.3214 *** (A，T，1)
EDR_t	– 22.9240 *** (A，N，1)		– 11.8834 *** (A，N，1)	203.498 *** (A，N，1)	465.813 *** (A，N，1)

续表

指标	面板单位根检验方法				
	LLC	Breitung	IPS	ADF—Fisher	PP—Fisher
uny_t	−15.9240 *** （A，N，1）		−9.1216 *** （A，N，1）	244.498 *** （A，N，1）	192.126 *** （A，N，1）
$Dum \times EDR_t$	−21.2316 *** （A，T，1）	−5.0040 *** （A，T，1）	−12.2834 *** （A，T，1）	234.1896 *** （A，T，1）	371.6441 *** （A，T，1）
$(1 − Dum) \times EDR_t$	−19.2159 *** （A，T，1）	−2.1719 ** （A，T，1）	−13.7856 *** （A，T，1）	233.357 *** （A，T，1）	411.558 *** （A，T，1）
$Dum \times uny_t$	−18.8879 *** （A，T，1）	−5.1342 *** （A，T，1）	−15.2041 *** （A，T，1）	251.3570 *** （A，T，1）	400.1019 *** （A，T，1）
$(1 − Dum) \times uny_t$	−18.2674 *** （A，T，1）	−3.0536 ** （A，T，1）	−14.0521 *** （A，T，1）	256.648 *** （A，T，1）	410.122 *** （A，T，1）
$Fall_t \times lny_t^P$	−16.3315 *** （A，T，1）	−4.1216 *** （A，T，1）	−10.0202 *** （A，T，1）	265.1808 *** （A，T，1）	385.9907 *** （A，T，1）
$RISE_t \times lny_t^P$	−17.0867 *** （A，T，1）	−2.1210 ** （A，T，1）	−10.1219 *** （A，T，1）	258.4767 *** （A，T，1）	422.8904 *** （A，T，1）
LC_t	−19.0432 *** （A，N，1）		−16.6435 *** （A，N，1）	311.778 *** （A，N，1）	465.813 *** （A，N，1）
RR_t	−22.5685 *** （A，N，1）	−3.1110 ** （A，N，1）	−18.7799 *** （A，N，1）	366.9021 *** （A，N，1）	214.1222 *** （A，N，1）
INF_t	−16.7460 *** （A，N，1）		−15.6767 *** （A，N，1）	298.209 *** （A，N，1）	181.384 *** （A，N，1）

注：在单位根检验形式（A，T，1）和（A，N，1）中，A 表示单位根检验时含有漂移项；T 表示含有趋势项；N 表示不含有趋势项；1 表示一阶差分。* 表示通过了10%的显著性水平；** 表示通过了5%的显著性水平；*** 表示通过了1%的显著性水平。

通过表6.1列出的各种检验方法统计量的具体数值可以看出，在对各变量的一阶差分序列进行面板单位根检验时，基本上大多数的检验结果在1%的显著性水平上显示为平稳过程，可以判断这些变量为一阶单整的 I（1）序列。为此，为了保障回归结果的有效性，防止虚假回归结果的误导，计量分析之前有必要对模型中的变量间是否存在协整关系进行检验。具体协整检验及其估计结果的经济含义分析如下[①]。

6.3.2.1 不确定性程度对农村居民消费行为的影响

通过对各变量进行面板回归（见表 6.2），发现其回归结果的残差均在 1% 的显著性水平上显示为平稳序列，即为 Ⅰ（0）序列，说明了我国农村居民的消费水平与持久收入、收入不确定性等变量间呈现长期稳定的协整关系，如表 6.2 所示的估计结果有效。

表 6.2　　　不确定性程度对农村居民消费行为影响的面板回归结果

解释变量		模型 1：$\ln C_t = \alpha + \beta_1 \ln y_t^P + \beta_2 EDR_t + \varepsilon_t$			
		模型 1（Ⅰ）	模型 1（Ⅱ）	模型 1（Ⅲ）	模型 1（Ⅳ）
回归方程	$\ln y_t^P$	0.9141 *** (53.4214)	0.8995 *** (49.7293)	0.9133 *** (43.2585)	0.9012 *** (41.6460)
	EDR_t	0.0273 ** (2.1734)	0.0179 * (1.7639)		
	uny_t			−0.0283 * (−1.8226)	−0.0267 * (1.7512)
	LC_t		−0.0502 *** (−2.6928)		−0.0511 *** (−2.6939)
	RR_t		−0.0124 (−1.3892)		−0.0133 (−1.5242)
	INF_t		0.1288 *** (3.2425)		0.1411 *** (2.9465)
	Ad—R^2	0.8835	0.9286	0.9091	0.9112
	F 检验	14.2484	10.4338	10.1026	11.9273
	Hausman 检验	42.7191	73.3927	36.6948	52.6035
	备注	固定效应	固定效应	固定效益	固定效应

[①] 由于本章所度量收入不确定性的指标"预期收入利差率"具有方向性，即有正值和负值之分，而其平方项则全部为正值，再难以反映出农村居民的收入不确定性大小和方向，因而实证分析中并未考虑收入不确定性的非线性影响。

续表

解释变量		模型1：$\ln C_t = \alpha + \beta_1 \ln y_t^P + \beta_2 EDR_t + \varepsilon_t$			
		模型1（Ⅰ）	模型1（Ⅱ）	模型1（Ⅲ）	模型1（Ⅳ）
残差平稳性检验	LLC	−6.5706 *** (A, T, 0)	−8.5302 *** (A, T, 0)	−5.2301 *** (A, N, 0)	−8.88562 *** (A, N, 0)
	Breitung	−2.5931 *** (A, T, 0)	−2.5886 *** (A, T, 0)		
	IPS	−3.9093 *** (A, T, 0)	−3.0420 *** (A, T, 0)	−3.5949 *** (A, N, 0)	−3.44260 *** (A, N, 0)
	ADF—Fisher	110.6281 *** (A, T, 0)	99.7158 *** (A, T, 0)	98.8821 *** (A, N, 0)	90.3318 *** (A, N, 0)
	PP—Fisher	204.5012 *** (A, T, 0)	126.8133 *** (A, T, 0)	86.6809 *** (A, N, 0)	62.1211 *** (A, N, 0)
	备注	平稳序列	平稳序列	平稳序列	平稳序列

注：* 表示通过了10%的显著性水平；** 表示通过了5%的显著性水平；*** 表示通过了1%的显著性水平。残差单位根检验形式（A，N，0）和（A，T，0）中，A 表示单位根检验时含有漂移项；T 表示含有趋势项；N 表示不含有趋势项；0 表示原序列。

从表 6.2 中的具体回归结果可以看出，反映农村居民不确定性程度的"预期收入离差率"（EDR_t）的系数符号为正，并且在四个不同估计方程中均通过了 10% 显著性水平，说明利用"预期收入离差率"度量的收入不确定性指标与农村居民的消费呈现同向变动关系。但这并不是说农村居民的收入不确定性促进了消费，因为"预期收入离差率"的数值有正数也有负数，因此，当 $EDR_t > 0$ 时，反映了农村居民的实际收入发生了预期之外的增长，因而会对未来的乐观程度增加，消费水平会随之提升，收入不确定性与农村居民的消费支出存在同向变动关系；同理，当 $EDR_t < 0$ 时，说明农村居民的实际收入没有达到其原有的预期目标，收入出现了预期之外的下降，因而对未来的消极心理会增强，为了应对未来的不时之需，农村居民也一般会增加储蓄，消费水平相应地会下降，此时收入不确定性与农村居民的消费支出依然存在同向变动关系。最终"预期收入离差率"（EDR_t）的符号为正数，只是正负向不确定性对农村居民消费影响行为的方向不同。显然这与现有绝大多

数文献的研究结论是不同的。作为对比，本章还将利用标准差形式度量的收入不确定性（uny_t）引入模型进行回归，由于标准差为正值，因而它的回归系数的符号直接反映了收入增长率波动对农村居民消费行为产生的影响。通过表6.2中的回归结果可以看出，收入不确定性指标 uny_t 的回归系数为负，说明收入增长率的波动抑制了农村居民消费，这与已有文献的研究结果是一致的，也符合预防性储蓄理论的基本思想。

另外，将流动性约束（LC_t）、实际利率（RR_t）和通货膨胀（INF_t）三个指标引入估计模型中，发现本章所关注的主要指标的符号没有变化，而且显著性水平依然较高，说明表6.2中的回归结果具有较强的稳健性。同时，进一步观察还会发现，流动性约束（LC_t）的回归系数为负，通过了1%显著性水平上的t检验，说明我国农村居民的消费行为确实受到流动性约束问题的限制；实际利率（RR_t）的回归系数为负，但是显著性水平不高，负号说明了相比于实际利率的替代效应，农村居民更看中其收入效应，利率提升时会增加储蓄而减少消费，而显著性水平不高则很可能是因为农村居民的低收入，没钱可存，自然反应不太灵敏；通货膨胀（INF_t）的回归系数为正，也通过了1%的显著性水平，说明通货膨胀因素的存在增加了农村居民消费，当然这可能是被动的增加，因为农村居民消费的相当一大部分仍停留在生活必需品，当发生通货膨胀物价上涨时，他们不得不增加消费支出。

6.3.2.2　不确定性方向对农村居民消费行为的影响

模型1的回归结果显示收入不确定性指标（EDR_t）的系数值为正，符合预期。但是，这一计量结果只能反映出收入不确定性对农村居民消费行为影响的综合效应。因而有必要进一步利用模型2来分析细分后的正、负不确定性对农村居民消费行为的不同影响。同样，先对各变量进行面板回归（见表6.3）并检验其残差的平稳性，发现各回归结果的残差均为平稳序列，即为 I（0）序列，这就说明这些变量间呈现长期稳定的均衡关系，表6.3的估计结果不存在虚假回归。

表 6.3   不确定性方向对农村居民消费行为影响的面板回归结果

解释变量		模型2：$\ln C_{it} = \alpha_i + \beta_1 \ln y_t^P + \beta_{21} Dum \times EDR_t + \beta_{22}(1 - Dum) \times EDR_t + \omega_t$			
		模型2（Ⅰ）	模型2（Ⅱ）	模型2（Ⅲ）	模型2（Ⅳ）
回归方程	$\ln y_t^P$	0.8684 *** (47.7833)	0.8751 *** (53.6572)	0.8785 *** (50.6380)	0.8766 *** (52.7526)
	$Dum \times EDR_t$	0.0022 * (1.9658)	0.0027 * (1.8054)		
	$(1 - Dum) \times EDR_t$	−0.0244 ** (−2.1605)	−0.0291 * (−1.9705)		
	$Dum \times uny_t$			−0.0201 * (1.7582)	−0.0188 (1.5054)
	$(1 - Dum) \times uny_t$			−0.0382 ** (−2.3279)	−0.0373 * (−1.9705)
	LC_t		−0.0328 *** (−2.3196)		−0.0322 *** (−2.3458)
	RR_t		−0.0223 (−1.2139)		−0.0203 (−1.1178)
	INF_t		0.1508 *** (5.4067)		0.1123 ** (2.0647)
	Ad—R^2	0.9102	0.8940	0.9021	0.9114
	F 检验	8.3144	8.3255	10.6943	9.5523
	Hausman 检验	26.2678	36.9141	30.9408	31.8790
	备注	固定效应	固定效应	固定效益	固定效应
残差平稳性检验	LLC	−3.3997 *** (A, N, 0)	−4.4879 *** (A, N, 0)	−3.8973 *** (A, N, 0)	−4.5122 *** (A, N, 0)
	Breitung				
	IPS	−2.2765 *** (A, N, 0)	−2.2251 ** (A, N, 0)	−2.8023 *** (A, N, 0)	−3.1539 ** (A, N, 0)
	ADF—Fisher	87.3542 *** (A, N, 0)	86.0395 *** (A, N, 0)	88.0378 *** (A, N, 0)	88.6506 *** (A, N, 0)
	PP—Fisher	97.2775 *** (A, N, 0)	84.6056 *** (A, N, 0)	91.8935 *** (A, N, 0)	88.0089 *** (A, N, 0)
	备注	平稳序列	平稳序列	平稳序列	平稳序列

注：* 表示通过了10%的显著性水平；** 表示通过了5%的显著性水平；*** 表示通过了1%的显著性水平。残差单位根检验形式（A，N，0）和（A，T，0）中，A 表示单位根检验时含有漂移项；T 表示含有趋势项；N 表示不含有趋势项；0 表示原序列。

表6.3中的估计结果显示，不同估计方程中"优于预期"的正向不确定性 $Dum \times EDR_t$ 的系数值为正，并且都通过了10%显著性水平上的t检验，说明当农村居民的实际收入发生预期之外的增长时，其消费支出会有相应地增加，即正向的不确定性对农村居民的消费具有积极的促进作用；而"劣于预期"的负向不确定性 $(1-Dum) \times EDR_t$ 的系数值为负，也都通过了10%显著性水平上的t检验，则说明了当农村居民的实际收入没有达到预期目标时，农村居民的消费支出就会减少，即负向的不确定性对农村居民消费具有抑制作用。这些结论证实了收入不确定性的方向会对农村居民的消费行为产生影响，并且影响方向不同，这与经济理论和经验事实也是相符的。不仅如此，通过对不同估计方程内的相互比较还会发现，"劣于预期"的负向不确定性的系数值，其绝对值要远大于"优于预期"的正向不确定性的系数值，即在各估计方程中始终存在 $|\beta_{21}| < |\beta_{22}|$ 的结论。这就说明当面对相同程度的收入不确定性时，"劣于预期"的负向不确定性所引起的农村居民消费支出的下降，要远大于"优于预期"的正向不确定性所引起的农村居民消费支出的增加，即农村居民的消费支出对"坏年份"里收入预期之外的下降（即负向不确定性）表现得更为敏感。面对"优于预期"的正向不确定性和"劣于预期"负向不确定性，农村居民消费行为受到的影响具有非对称性。另外，当以收入增长率的标准差形来度量收入不确定性（uny_t）时，发现 $Dum \times uny_t$ 和 $(1-Dum) \times EDR_t$ 的系数值均为负数，但是 $|\beta_{21}| < |\beta_{22}|$ 的结论依然存在。系数值为负说明了无论实际收入发生了预期之外的增加还是预期之外的减少，收入增长率的波动均对农村居民消费起到抑制作用；而 $|\beta_{21}| < |\beta_{22}|$ 则反映了在实际收入发生了预期之外增加的"好年份"里，农村居民受到收入增长率的波动的影响要小于实际收入发生了预期之外下降的"坏年份"，甚至这一影响是不明显的（即 $Dum \times uny_t$ 的显著性水平不高）。

随着模型2中将流动性约束（LC_t）、实际利率（RR_t）和通货膨胀（INF_t）三个指标的引入，同样发现本章所关注的主要指标的符号、系数值和显著性水平均没有明显变化，说明表6.3中的回归结果具有较强的稳健性。

4.3.2.3　不确定性心理状态对农村居民消费行为的影响

利用模型3还可以进一步分析收入不确定性变化所引起的不确定性心理变化可能对农村居民消费行为的影响。通过对农村居民的消费水平 $\ln C_t$、含有 $FALL_t$ 和 $RISE_t$ 的持久收入指标 $FALL_t \times \ln y_t^P$ 与 $RISE_t \times \ln y_t^P$、收入不确定性指标（EDR_t 和 uny_t）等变量进行面板回归（见表6.4），发现各个面板回归结果的残差均在5%的显著性水平上显示为平稳序列，为 I（0）序列，说明这些变量间呈现长期稳定的数量关系，表6.4中的估计结果可靠。

表6.4　　　不确定性心理状态对农村居民消费行为影响的面板回归结果

解释变量		模型3：$\ln C_t = \alpha + \beta_{11}(FALL_t)\ln y_t^P + \beta_{12}(RISE_t)\ln y_t^P + \beta_2 EDR_t + \upsilon_t$			
		模型3（Ⅰ）	模型3（Ⅱ）	模型3（Ⅲ）	模型3（Ⅳ）
回归方程	$Fall_t \times \ln y_t^P$	0.9199 *** (41.1198)	0.8972 *** (42.4585)	0.9123 *** (41.8804)	0.9033 *** (42.7057)
	$RISE_t \times \ln y_t^P$	0.8677 *** (44.5150)	0.8618 *** (42.7570)	0.8792 *** (41.0968)	0.8738 *** (40.4287)
	EDR_t	0.0229 * (1.8724)	0.0181 * (1.7824)		
	uny_t			− 0.0298 * (1.8658)	− 0.0281 * (1.7329)
	LC_t		− 0.0432 *** (− 2.9732)		− 0.0332 *** (− 2.4420)
	RR_t		− 0.0031 (− 1.2044)		− 0.0030 (− 1.2001)
	INF_t		0.1310 *** (3.7200)		0.1300 *** (3.3519)
	Ad—R^2	0.8933	0.9153	0.8912	0.9112
	F 检验	10.1219	8.1211	8.5108	8.2587
	Hausman 检验	41.1958	71.7852	65.2316	80.0025
	备注	固定效应	固定效应	固定效应	固定效应

续表

解释变量		模型3：$\ln C_t = \alpha + \beta_{11}(FALL_t)\ln y_t^P + \beta_{12}(RISE_t)\ln y_t^P + \beta_2 EDR_t + \upsilon_t$			
		模型3（Ⅰ）	模型3（Ⅱ）	模型3（Ⅲ）	模型3（Ⅳ）
残差平稳性检验	LLC	−5.2325 *** （A，T，0）	−8.0250 *** （A，T，0）	−7.6349 *** （A，T，0）	−10.6657 *** （A，T，0）
	Breitung	−2.8856 *** （A，T，0）	−2.6567 *** （A，T，0）		−2.6811 *** （A，T，0）
	IPS	−3.3166 *** （A，T，0）	−3.1681 ** （A，T，0）	−3.2317 *** （A，N，0）	−3.1655 ** （A，T，0）
	ADF—Fisher	108.8392 *** （A，T，0）	100.1156 *** （A，T，0）	86.6218 *** （A，N，0）	103.7702 *** （A，T，0）
	PP—Fisher	204.5776 *** （A，T，0）	126.2770 *** （A，T，0）	90.1026 *** （A，N，0）	102.1216 *** （A，T，0）
	备注	平稳序列	平稳序列	平稳序列	平稳序列

注：* 表示通过了10%的显著性水平；** 表示通过了5%的显著性水平；*** 表示通过了1%的显著性水平。残差单位根检验形式（A，N，0）和（A，T，0）中，A 表示单位根检验时含有漂移项；T 表示含有趋势项；N 表示不含有趋势项；0 表示原序列。

在表6.4的各估计方程中，$FALL_t$ 和 $RISE_t$ 两个虚拟变量一定程度上反映了农村居民的不确定性心理状态，其中，$FALL_t$ 表示不确定性心理处于减弱状态，而 $RISE_t$ 表示不确定性心理处于未减弱状态。具体的回归结果显示，无论采用哪个收入不确定性变量（EDR_t 和 uny_t），两种心理状态下农村居民的消费水平对持久收入的反应系数（即消费需求的收入弹性），在不同的估计方程中均通过了1%显著性水平上的 t 检验，并且农村居民在不确定性心理处于减弱状态下的收入弹性系数明显大于其在不确定心理未减弱状态下的收入弹性系数，即 $\beta_{11} > \beta_{12}$。这不仅证实了不确定性的心理状态会对农村居民的消费决策产生影响，而且反映出当农村居民的不确定性心理处于减弱状态时，其消费行为更加积极。即相比于上一年，如果出现预期之外的正收入的比例增加，或者是预期之外的负收入的比例下降，农村居民的消费倾向都会提升。

另外，将表6.4中含有 $FALL_t \times \ln y_t^P$ 与 $RISE_t \times \ln y_t^P$ 的回归系数值（即

β_{11} 和 β_{12}）与表 6.2 中含有 $\ln y_t^P$ 的回归系数值（即 β_1）进行对比，如表 6.5 所示，可以很直观地看出，不同的估计方程内还呈现出一个共同特征，那就是 $|\beta_{11}-\beta_1|<|\beta_{12}-\beta_1|$，这个结论则说明了相比于不确定心理的减弱状态，农村居民的消费行为对不确定性心理的未减弱状态表现得更加敏感，这和"前景理论"中的"损失规避"特征具有相似含义。面对不确定性心理的减弱和未减弱两种状态，农村居民消费行为受到的影响也具有非对称性。除此之外，随着模型 3 中将流动性约束（LC_t）、实际利率（RR_t）和通货膨胀（INF_t）三个指标的引入，发现表 6.4 中的回归结果依然稳健。

表 6.5　　　　　　　　模型 1 与模型 3 中部分变量回归系数的对比

模型	变量	系数	I	II	III	IV
模型 1	$\ln y_t^P$	β_1	0.9141 *** (53.4214)	0.8995 *** (49.7293)	0.9133 *** (43.2585)	0.9012 *** (41.6460)
模型 3	$Fall_t\times\ln y_t^P$	β_{11}	0.9199 *** (41.1198)	0.8972 *** (42.4585)	0.9123 *** (41.8804)	0.9033 *** (42.7057)
	$RISE_t\times\ln y_t^P$	β_{12}	0.8677 *** (44.5150)	0.8618 *** (42.7570)	0.8792 *** (41.0968)	0.8738 *** (40.4287)
结论 1			$\beta_{11}>\beta_{12}$			
结论 2			$|\beta_{11}-\beta_1|<|\beta_{12}-\beta_1|$			

注：根据表 6.2 和表 6.4 摘录。

6.4　结论与政策启示

本章在总结现有各类收入不确定性度量方法优缺点的基础上，严格从不确定性的定义出发，选择"预期收入离差率"这一指标来衡量农村居民的收入不确定性。同时，借助虚拟变量的形式划分出"优于预期"的正向不确定性和"劣于预期"的负向不确定性的两种情况；借助行为经济学中的前景理论划分出不确定性心理减弱和不确定性心理未减弱两个心理状态，然后从不确定性程度、不确定性方向以及不确定性心理状态三个维度来考察收入不确定性对我国农村居民消费行为的影响。具体研究结果表明：

（1）反映农村居民不确定性程度的"预期收入离差率"系数符号为正（不确定性程度的综合影响），说明收入不确定性与农村居民的消费呈现同向波动关系。但是这并不是说农村居民的收入不确定性促进了消费，而是说当收入预期离差率为正值时，农村居民的实际收入出现了预期之外的增加，收入不确定性的存在促进了消费；而当收入预期离差率为负值时，则实际收入没有达到原有的预期目标，收入不确定性对农村居民消费起到抑制作用。作为对比，本章还采用了农村居民人均纯收入增长率的标准差来度量收入不确定性，研究结果发现，标准差形式度量的收入不确定性指标的系数为负，说明收入增长率的波动抑制了农村居民消费，这与已有文献的研究结论是一致的，符合预防性储蓄理论的基本思想。

（2）将收入不确定性细分为"优于预期"的正向不确定性和"劣于预期"的负向不确定性，回归结果进一步证实收入不确定性的方向也会对农村居民的消费行为产生影响，并且其影响程度具有非对称性。"优于预期"的正向不确定性对农村居民的消费支出具有促进作用，而"劣于预期"的负向不确定性对农村居民的消费支出具有抑制作用。但是当农村居民面对相同程度的收入不确定性时，"劣于预期"的负向不确定性对其消费行为的抑制作用更强（即 $|\beta_{21}| < |\beta_{22}|$）。同时，当以收入增长率的标准差形来度量收入不确定性（uny_t）时，发现 $|\beta_{21}| < |\beta_{22}|$ 的结论依然存在。

（3）无论引入哪个收入不确定性指标，农村居民在不确定性心理处于减弱状态下的收入弹性系数要明显大于其在不确定心理未减弱状态下的收入弹性系数（即 $\beta_{11} > \beta_{12}$），这不仅证实了不确定性的心理状态也会对农村居民的消费行为产生显著影响，并且这种影响同样具有非对称性。当农村居民的

不确定性心理处于减弱状态时，其消费行为更为积极。同时，相比于不确定心理的减弱状态，农村居民的消费行为对于不确定性心理的未减弱状态表现得更为敏感（即 $|\beta_{11} - \beta_1| < |\beta_{12} - \beta_1|$），吻合"前景理论"中的"损失规避"理论思想。

从以上结论可以看出，为了更加有效地促进农村居民消费，不能仅仅只是简单地做到保证其收入的稳定增长，同时还需要保障农村居民的收入不确定性为正值。也就是说，在收入稳定增长的过程中，还能够获得预期之外的正收入或者临时性收入，这样，不仅可以增强农村居民对未来的收入信心，而且能够降低他们的不确定性心理状态，最终减少农村居民的预防性储蓄倾向，激发和鼓励农村居民扩大当期消费。

第7章 不确定性条件下农村居民消费行为的非对称性分析[*]

7.1 问题的提出

农村居民的消费升级，对于转换经济增长动力、应对"经济新常态"，实现经济持续健康发展具有重要的战略意义。然而实际中我国农村居民的消费行为长期保守。究其原因，已有文献中广泛认可的原因之一是：不确定性因素增强了我国农村居民的预防性储蓄倾向，导致我国农村居民形成"有钱不敢花"的生活特征（万光华，2004；刘兆博，2007；易行健，2008；王健宇、徐会奇，2010；杜宇玮、刘东皇，2010；张振、乔娟，2011；吴玉霞、温玉静，2013；韩玉萍、邓宗兵，2015；等）。

然而通过文献的梳理会进一步发现，虽然"不确定性会对农村居民的消费行为产生显著影响"得到诸多学者们的认可，但是按照美国芝加哥学派代表性人物奈特（Knight，2005）对不确定性的定义，不确定性对消费行为的影响不应该是单一的，而是具有方向性，即应该区分出"优于预期"的正向

＊ 曾发表于《平顶山学院学报》2018 年第 2 期，笔者对题目和部分内容进行了修订。

不确定性和"劣于预期"的负向不确定性，但已有研究往往采用方差、标准差等形式度量不确定性，无法在这一方面对研究内容进行拓展。

本章延续上一章利用"预期收入离差率"度量不确定性的量化方法，测度出"优于预期"的正向不确定性和"劣于预期"的负向不确定性。然后分别就"不确定性对我国农村居民消费行为的影响程度有多大""优于预期的正向不确定性和劣于预期的负向不确定性对农村居民的消费行为的影响程度是否一致"等问题进行探析，以期能够为提高农村居民消费倾向、挖掘农村市场提供全新的政策依据。

7.2 模型构建

本章的计量模型仍然以上一章中的式（6.5）为基础，这样可以构建以下对数形式的面板回归方程：

$$\ln C_t = \alpha + \beta_1 \ln y_t^P + \beta_2 EDR_t + \varepsilon_t \tag{7.1}$$

然而，在式（7.1）中的不确定性变量 EDR_t 的系数 β_2 只能反映出不确定性指标对农村居民消费影响的综合效应，没有能够对 β_2 进行细分。就是说既然不确定性指标 EDR_t 的数值有正有负，那么当出现 $EDR_t > 0$ 的"好年份"和 $EDR_t < 0$ 的"坏年份"时，这两种状态下不确定性对农村居民消费的影响会有何区别，影响程度是否一致呢？为了解决这一问题，在式（7.1）的基础上，借鉴一些学者（孔东民，2005；戴丽娜，2010；Mankiw，1990；Shea，1995 and Darkos，2002）的做法，本章构造一组以下形式的虚拟变量 Dum_t，对研究内容进一步拓展，具体为：

$$Dum_t = \begin{cases} 0 & \text{当 } EDR_t < 0，\text{“劣与预期”的“坏年份”} \\ 1 & \text{当 } EDR_t > 0，\text{“优于预期”的“好年份”} \end{cases}$$

其含义是：当 $EDR_t < 0$，说明农村居民的收入没有达到其预期目标，收入发生了意外的减少，即"劣与预期"负向不确定性；而当 $EDRt > 0$ 时，说明农村居民的收入发生了预期之外的增长，即"优于预期"正向不确定性。为了同时分析这两种状态下不确定性对农村居民消费行为的影响，将 Dum_t 引入式（7.2）中，即可得本章实证分析所需的计量模型：

$$\ln C_{it} = \alpha_i + \beta_1 \ln y_{it}^P + \beta_{21} Dum \times EDR_{it} + \beta_{22}(1 - Dum) \times EDR_{it} + \mu_{it}$$

$$(7.2)$$

其中，β_{21} 反映了"优于预期"的正向不确定性对农村居民消费行为的影响程度；而 β_{22} 反映了"劣于预期"的负向不确定性对农村居民消费行为的影响程度。两者的影响方向和程度是否一致，接下来本章予以检验。

7.3　计量结果及其经济含义

7.3.1　数据说明

本章利用面板数据将分别从不同地区、不同收入水平和不同消费品类型三个视角较为全面地考察不确定性因素对我国农村居民消费行为的非对称性影响。所需要的数据均来自 1978～2016 年《中国统计年鉴》和中经网数据库。所需要的其他指标中，持久收入指标利用当年收入和前两年收入的平均值来度量，即 $y_t^P = (Y_t + Y_{t-1} + Y_{t-2})/3$；农村居民的消费支出指标为《中国统计年鉴》中的农村居民生活消费支出。所有指标的数据形式均为人均值，并以 1978 年为基期的全国消费价格指数进行处理。这里需要说明的是，由于西藏自治区的数据有多年缺失，而重庆市于 1997 年才从四川省划分出来，1997 年之前的数据没有，故在样本数据中将这两个省（区、市）剔除。

7.3.2 实证结果分析

为了避免虚假回归的出现，本章先利用 LLC 检验、Breitung 检验、LSP 检验、Fisher—ADF 检验和 Fisher—PP 检验对回归方程式（7.3）中的数据指标进行面板单位根检验，发现不同地区、不同收入水平和不同消费品类型的计量回归模型中所用到的指标数据均为一阶单整 I（1）序列，因而必须在经济含义分析之前对回归模型中的变量进行协整关系检验。

进一步利用 Engle – Granger 的两步法发现，本章表 7.1、表 7.2 和表 7.3 中回归结果的残差均为 I（0）序列，说明各变量间呈现出长期稳定的数量关系。表 7.1、表 7.2 和表 7.3 中的回归结果是有效的，可以进行经济含义的分析。具体如下。

7.3.2.1 不确定性条件下我国农村居民消费行为的非对称性表现

表 7.1 给出了不确定性对我国农村居民消费行为的影响结果。通过表 7.1 可以看出：就全国整体而言，持久收入水平 lny_t^p 的系数为 0.9199，且通过了 1% 的显著性水平上的 t 检验，说明在其他条件不变的情况下，持久收入每增长 1 个百分点，将会引起农村居民的消费支出增长约 0.9199 个百分点。同时正向不确定性指标 $Dum \times EDR_t$ 的系数为正（即 β_{21}），数值为 0.0031，并且通过了 5% 显著性水平上的 t 检验，说明当农村居民的收入发生预期之外的增长时，其消费支出相应地会增加，即"优于预期"正向的不确定性对农村居民的消费支出具有积极的促进作用。与之相反，负向不确定性程度 $(1 - Dum) \times EDR_t$ 的系数为负（即 β_{22}），系数值为 -0.0268，通过了 10%

显著性水平上的 t 检验，则说明了当农村居民的收入没有达到预期目标时，农村居民的消费支出就会减少，即"劣于预期"的负向不确定性对农村居民消费具有抑制作用。这些结论证实了不确定性对农村居民消费行为的影响不是单一的，而是具有方向性，这与已有研究结论不同，已有研究经常利用方差或标准差形式来度量不确定性，所得结论一致认为，不确定性的存在抑制了居民消费，但是本章结论更加符合经济理论和经验事实。不仅如此，通过比较还会发现，"劣于预期"的负向不确定性的系数值，其绝对值要远远大于"优于预期"的正向不确定性的系数值，即 $|\beta_{21}| < |\beta_{22}|$，这就说明当面对相同程度的不确定性时，"劣于预期"的负向不确定性所引起的农村居民消费支出的下降，要远大于"优于预期"的正向不确定性所引起的农村居民消费支出的增加，农村居民的消费支出对收入发生预期之外的下降（即负向不确定性）表现得更为敏感。面对"优于预期"的正向不确定性和"劣于预期"负向不确定性，农村居民消费行为受到的影响呈现非对称性。

表 7.1　　不确定性对不同地区农村居民消费行为的非对称性影响

项目	解释变量	被解释变量 LnC_t			
		全国	东部地区	中部地区	西部地区
回归方程	lny_t^P	0.9199 *** (47.7824)	1.1630 *** (42.9250)	0.9544 *** (13.1732)	0.8751 *** (22.0909)
	$Dum \times EDR_t$	0.0031 ** (2.1136)	0.2886 ** (2.6916)	0.0917 ** (2.4812)	0.0017 ** (2.3010)
	$(1-Dum) \times EDR_t$	− 0.0268 * (− 1.7638)	− 0.4367 *** (− 3.8522)	− 0.2113 ** (− 2.8804)	− 0.0006 (− 0.0757)
	Ad—R^2	0.9102	0.9308	0.8384	0.9382
	F 统计量 (Pr > F)	243.9006 (0.0000)	637.7016 (0.0000)	61.6174 (0.0000)	131.4990 (0.0000)
	F 检验	8.3345	36.8661	7.0908	6.3520
	Hausman 检验	43.5230	25.5921	35.2382	24.7852
	备注	固定效应	固定效益	固定效应	固定效应

项目	解释变量	被解释变量 LnC$_t$			
		全国	东部地区	中部地区	西部地区
残差平稳性检验	LLC	−5.1235 *** (A, N, 0)	−6.8537 *** (A, T, 0)	−6.6616 *** (A, N, 0)	−4.2052 *** (A, N, 0)
	Breitung		−1.7431 ** (A, T, 0)		
	IPS	−3.1369 *** (A, N, 0)	−4.5293 *** (A, T, 0)	−3.9999 *** (A, N, 0)	−2.5186 ** (A, N, 0)
	ADF—Fisher	98.9283 *** (A, N, 0)	59.2252 *** (A, T, 0)	35.2552 *** (A, N, 0)	36.4638 *** (A, N, 0)
	PP—Fisher	97.2775 *** (A, N, 0)	79.6916 *** (A, T, 0)	34.6218 *** (A, N, 0)	38.0727 *** (A, N, 0)
	备注	平稳	平稳	平稳	平稳

注：﹡表示通过了10%的显著性水平；﹡﹡表示通过了5%的显著性水平；﹡﹡﹡表示通过了1%的显著性水平。残差单位根检验形式（A，N，0）和（A，T，0）中，A表示单位根检验时含有漂移项；T表示含有趋势项；N表示不含有趋势项；0表示原序列。

就不同地区而言，东部地区和中部地区的样本回归结果与全国具有相同的结论，即"优于预期"的正向不确定性对农村居民的消费支出具有积极的促进作用，而"劣于预期"的负向不确定性对农村居民消费支出具有抑制作用。同时 $|\beta_{21}| < |\beta_{22}|$ 依然满足，东部和中部地区农村居民的消费支出对"劣于预期"的负向不确定性表现得更为敏感。但是对西部地区而言，其"优于预期"的正向不确定性指标系数 β_{21} 依然为正，这与其他地区的结论一样；但是在"劣于预期"的负向不确定性指标系数 β_{22} 虽然符号符合预期（为负值），然而它的显著性水平很差，没有通过 t 检验。分析原因可能是西部地区的经济实力较为落后，农村居民的收入水平低，其消费层次不高，支出类型主要是在生活必需品上，这些消费支出满足的是农村居民的生存需求，因而即使发生了预期之外的不确定性因素，这类消费支出依然必须保障，消费水平不会明显下降。

　　进一步将全国、东部地区、中部地区和西部地区的回归系数进行比较，可以发现，无论是持久收入的消费弹性（β_1），还是两个不确定性指标的系数（β_{21}和β_{22}），其系数的绝对值均遵循：东部地区 > 中部地区 > 全国 > 西部地区。整体而言，说明了经济发展水平越高的地区，农村居民收入的消费弹性越大，对不确定性因素的反映越加敏感。

7.3.2.2　不同收入水平的非对称性分析

　　不同收入水平的家庭对不确定性因素的应对能力和应对方式不尽相同，进而使其消费行为也可能产生差异。表 7.2 将农村居民的收入水平划分为低收入户、中低收入户、中等收入户、中高收入户和高收入户共五类，考察不确定性对不同收入水平农村居民消费行为的影响。由表 7.2 可以看出：从农村居民持久收入的需求弹性来看（$\ln y_i^P$ 的系数），不同收入水平组的需求弹性均通过了 1% 的显著性水平上的 t 检验，回归系数最大的为中高收入组，系数值为 1.2182，最小的为低收入组，数值为 0.8728。从整体趋势上来看，随着持久收入水平的提高，农村居民的消费需求弹性在增大。从 β_{21} 的系数值来看，各收入组的系数值均为正数，并均通过了 10% 显著性水平上的 t 检验，同样证明了"优于预期"的正向不确定性对农村居民的消费支出具有积极的促进作用。同时系数值最大的为高收入组，最小的为低收入组，整体趋势而言，农村居民的收入水平越高，"优于预期"的正向不确定性对其消费行为的积极作用越明显。从 β_{22} 的系数值来看，各收入组的系数值均为负数，符合预期，但是低收入组和中低收入没有通过 10% 显著性水平上的 t 检验，这就是说"劣于预期"的负向不确定性对这两个收入组的农村居民的消费支出影响不显著。β_{22} 的绝对值最大的为中高收入组，最小的也是低收入组（而且不显著），整体趋势上基本遵循农村居民收入水平越高，负向不确定性对其消费行为的抑制作用也更强。

表 7.2   不确定性对不同收入水平农村居民消费行为影响的面板回归结果

项目	解释变量	被解释变量 LnC_t				
		低收入组	中低收入组	中等收入组	中高收入组	高收入组
回归方程	lny_t^P	0.8728 *** (5.6103)	1.2090 *** (27.3706)	1.0324 *** (22.2279)	1.2182 *** (29.5780)	1.1882 *** (28.6713)
	$Dum \times EDR_t$	0.0016 * (1.7860)	0.0422 ** (2.4139)	0.1153 * (1.6943)	0.0957 * (1.9170)	0.2507 ** (2.0833)
	$(1-Dum) \times EDR_t$	−0.0020 (−0.7190)	−0.0057 (−0.9377)	−0.1469 * (−1.9152)	−0.1880 * (−1.7339)	−0.3872 ** (−2.1246)
	Ad—R^2	0.8872	0.9442	0.9478	0.9599	0.9512
	F 统计量 (Pr > F)	41.3548 (0.0000)	144.8250 (0.0000)	139.0294 (0.0000)	204.6628 (0.0000)	332.1572 (0.0000)
	F 检验	10.6099	23.8812	8.4588	3.2303	8.5001
	Hausman 检验	8.5007	71.6433	15.6144	6.8055	25.5002
	备注	固定效益	固定效应	固定效应	固定效应	固定效应
残差平稳性检验	LLC	−4.6239 *** (A, T, 0)	−3.2615 *** (A, N, 0)	−3.7349 *** (N', N, 0)	−3.8637 *** (N', N, 0)	−3.7173 *** (N', N, 0)
	Breitung	−1.6454 ** (A, T, 0)				
	IPS	−1.8752 ** (A, T, 0)	−2.4702 *** (A, N, 0)			
	ADF—Fisher	24.1565 ** (A, T, 0)	20.1647 *** (A, N, 0)	21.1335 *** (N', N, 0)	27.0091 *** (N', N, 0)	23.3908 *** (N', N, 0)
	PP—Fisher	28.4994 ** (A, T, 0)	21.9202 *** (A, N, 0)	18.8892 *** (N', N, 0)	23.3672 *** (N', N, 0)	19.2553 *** (N', N, 0)
	备注	平稳	平稳	平稳	平稳	平稳

注：＊表示通过了 10% 的显著性水平；＊＊表示通过了 5% 的显著性水平；＊＊＊表示通过了 1% 的显著性水平。残差单位根检验形式（A，N，0）、（A，T，0）和（N'，N，0）中，A 表示单位根检验时含有漂移项；N' 表示不含有漂移项；T 表示含有趋势项；N 表示不含有趋势项；0 表示原序列。

　　一般来说，居民的收入水平越高，可以用来储蓄的财富越多，应对不确定性的能力越强，因而收入水平的提高会使不确定性对居民消费行为的影响减小。但是本章的结论是：无论是"优于预期"的正向不确定性，还是"劣

于预期"的负向不确定性，基本满足随着农村居民收入水平的提高，不确定性对其消费行为影响程度越大的结论。出现这样结论，笔者认为很可能是源于当前我国农村居民的消费支出还主要停留在低层次水平上，尤其是低收入农户家庭，无论出现什么样的不确定性，解决吃穿住行问题放在首位，这也使不确定性对处于低收入阶段农村居民的消费行为，其产生的影响甚小。同时，再将不同收入组的 β_{21} 与 β_{22} 的绝对值进行比较，除了中低收入组，$|\beta_{21}| < |\beta_{22}|$ 始终成立，非对称性影响的结论依然存在。

7.3.2.3　不同消费品类型的非对称性分析

按照《中国统计年鉴》的划分，农村居民的生活消费支出结构包括了食品支出、衣着支出、居住支出、家庭设备及其服务支出、交通和通信支出、医疗保健支出和文教娱乐用品及服务支出共七大类（剔除了其他商品及服务项）。不同消费品满足的是居民不同层次的消费品需求，那么面对不确定性因素时，各类消费品的支出表现必然会有所差别。因此，表 7.3 给出了不确定性对农村居民不同消费品类型的影响的检验结果。

表 7.3　　不确定性对不同消费品类型消费行为影响的面板回归结果

项目	解释变量	被解释变量 LnC_t						
		食品	衣着	居住	家庭设备及服务	交通和通信	文教娱乐及服务	医疗保健
回归方程	lny_t^P	0.484 *** (43.75)	0.918 *** (12.17)	1.059 *** (31.65)	1.218 *** (29.58)	0.900 *** (5.77)	1.137 *** (30.49)	1.198 *** (25.82)
	$Dum \times EDR_t$	0.0002 (0.92)	0.0029 * (1.82)	0.00160 (1.36)	0.0134 ** (2.34)	0.0031 ** (2.47)	0.0050 ** (2.12)	-0.0010 (-0.82)
	$(1-Dum) \times EDR_t$	-0.0019 (-1.07)	-0.0535 (-1.03)	-0.0055 (-1.19)	-0.0168 * (-1.72)	-0.0039 * (-1.68)	-0.0026 (-0.83)	0.0234 * (1.79)
	Ad—R^2	0.988	0.929	0.848	0.971	0.975	0.958	0.961
	F 统计量 (Pr > F)	598.133 (0.00)	123.166 (0.00)	129.310 (0.00)	295.276 (0.00)	284.203 (0.00)	166.598 (0.00)	233.248 (0.00)

续表

项目	解释变量	被解释变量 LnC_t						
		食品	衣着	居住	家庭设备及服务	交通和通信	文教娱乐及服务	医疗保健
回归方程	F检验	10.824	49.0198	4.3761	25.5993	19.0429	4.5117	28.6391
	Hausman检验	15.576	30.2296	19.1029	7.2713	11.5883	33.9422	21.9767
	备注	固定效益	固定效应	固定效应	固定效应	固定效应	固定效应	固定效应
残差平稳性检验	LLC		-7.806^{***} (N, N, 0)		-8.8061^{***} (N, N, 0)	-8.8867^{***} (N, N, 0)	-9.0790^{***} (N, N, 0)	-7.9583^{***} (N, N, 0)
	ADF—Fisher		133.494^{***} (N, N, 0)		161.733^{***} (N, N, 0)	161.270^{***} (N, N, 0)	153.345^{***} (N, N, 0)	139.195^{***} (N, N, 0)
	PP—Fisher		154.031^{***} (N, N, 0)		185.501^{***} (N, N, 0)	206.910^{***} (N, N, 0)	136.266^{***} (N, N, 0)	201.445^{***} (N, N, 0)
	备注		平稳		平稳	平稳	平稳	平稳

注：* 表示通过了 10% 的显著性水平；** 表示通过了 5% 的显著性水平；*** 表示通过了 1% 的显著性水平。残差单位根检验形式（A, N, 0）、（A, T, 0）和（N′, N, 0）中，A 表示单位根检验时含有漂移项；N′表示不含有漂移项；T 表示含有趋势项；N 表示不含有趋势项；0 表示原序列。

由表 7.3 可以看出：食品的需求弹性为 0.4836，在各类消费品中弹性最小，属于缺乏弹性。同时，"优于预期"的正向不确定性指标系数（β_{21}）和"劣于预期"的不确定性指标系数（β_{22}）的回归系数均未通过 t 检验，反映出不确定性对农村居民的食品支出影响不明显。当然，这与食品属于生活必需品的特性有关，为了满足生存需求，消费支出一般不会明显发生变化。

衣着的需求弹性为 0.9181，缺乏弹性。同时，"劣于预期"的不确定性指标系数（β_{22}）也没有通过 t 检验，原因同样与衣着属于生活必需品的特性有关。但是"优于预期"的正向不确定性指标系数值（β_{21}）为 0.0029，并且在 10% 的水平上显著，说明当收入发生预期之外的增加时，农村居民对衣着的消费支出具有较高的积极性。我国居民（特别是农村居民）从古至今就有着"衣锦还乡"和"注重面子"的传统意识，当年景好时往往要给家人和自己购置衣服，既体现出对家人的关怀，同时从外表上显示出自己的奋斗取得了一定的成绩，以此获得亲朋好友的尊重和赞扬。

居住的需求弹性为 1.0597，在各类消费品的弹性中属于富有弹性。β_{21} 与 β_{22} 均未通过 10% 显著性水平上 t 检验，反映出不确定性对农村居民的居住没有产生显著影响。这一方面可能是因为居住也属于生活必需品，受不确定性因素影响较小；另一方面可能也与住房在农村社会中的特殊属性有关。在我国农村地区，住房的作用不仅仅是满足居住需求的生活必需品，住房条件的好坏直接体现了一个家族的经济背景、事业上是否成功、有没有社会地位，甚至影响子女结婚目标能否顺利实现，以及对方条件的是否优越。因此，无论收入发生了预期之外的增加还是预期之外的下降，住房消费相对稳定。

家庭设备及服务、交通和通信这两项支出的需求弹性分别为 1.2182 和 0.9004，前者富有弹性，后者缺乏弹性。同时这两项支出受不确定性因素的影响最为明显，β_{21} 与 β_{22} 均通过 10% 水平下的 t 检验，说明"优于预期"的正向不确定性对农村居民的家庭设备及服务、交通和通信的支出具有促进作用，而"劣于预期"的负向不确定性则抑制了农村居民的这两项支出。

文教、娱乐及服务的需求弹性为 1.1371，富有弹性。该项支出 β_{21} 的系数为 0.0050，并且通过了 5% 显著性水平上的 t 检验，说明当收入发生预期之外的增加时，农村居民对于一些娱乐活动有较高的积极性，并且对子女的教育会更加重视。但是 β_{22} 不显著，即"劣于预期"的负向不确定性对农村居民的文教、娱乐及服务的支出影响不大。分析其原因，在农村居民的娱乐、教育及服务支出中，其相当一大部分属于子女的教育支出，一是农村居民对该项支出一般提前有了支出预期，不存在预期之外的不确定性因素；二是伴随着农村居民的收入增长和孩子数量的减少，农村地区对于子女的教育越加重视，他们迫切希望自己的孩子能够"走出农村"，受人尊敬和赞扬，同时希望通过教育支出提高子女的人力资本水平和生产效率，使农村传统的"养儿防老"的社会保障方式即使在子女数量较少时也依然能有所保障。因此，即使收入没有达到预期目标，教育支出也不会明显下降。

医疗保健的需求弹性为 1.1985，富有弹性。β_{21} 的系数值没有通过 t 检验，并且为负值，说明即使收入发生了预期之外的增加，农村居民一般也不会明显增加该项支出，甚至还会减少。而 β_{22} 系数值为 0.0235，为正值，并且通过了 10% 显著性水平上的 t 检验，反映出当农村居民的收入发生预期之外的下降时，农村居民反而会增加医疗保健的消费支出，这一结论和以前各项支出的分析结果是完全相悖的。但是仔细思考，这样的结论是完全有可能的。因为当前我国农村居民的整体收入水平和消费水平还比较低，抗风险能力较差，加之农村社会保障资源的长期匮乏，农村居民一般生小病时（特别是那些症状不明显的疾病）不愿意去就医和检查，而一旦发生严重疾病，则"因病返贫""因病致贫"的现象时有发生。因此，收入预期之外的增加或者下降，一定程度上与该年农户家庭成员是否有疾病相关。当有家庭成员因病需要医时，收入一般难以达到预期目标，不确定性指标为负，但是医疗保健支出却增加了；而当农村居民家庭成员没有人生病时，医疗支出反而一般不会明显增加。

7.4　研究结论

本章选取"收入预期离差率"来测度不确定性，以此区分出"优于预期"的正向不确定性和"劣于预期"的负向不确定性，然后利用面板数据分别从不同地区、不同收入水平和不同消费品类型三个视角来分析不确定性因素对我国农村居民消费行为的影响。具体研究结果有以下三点。

（1）无论是"优于预期"的正向不确定性，还是"劣于预期"的负向不确定性，均对我国农村居民的消费行为具有显著影响，同时其影响呈现非对称性，农村居民对于"劣于预期"的负向不确定性表现得更加敏感。

（2）从不确定性对不同收入水平下农村居民消费行为的影响来看，"优于预期"的正向不确定性和"劣于预期"的负向不确定性均表现出：农村居民的收入水平越高，不确定性对其消费行为的影响越大，并且"劣于预期"的负向不确定性的影响力总是更强。

（3）从不确定性对不同消费品类型的影响来看：①不确定性对农村居民的食品和住房支出影响均不显著。食品属于生活必需品，受不确定性因素影响较小，而住房除了具有必需品的特性，可能与住房在农村社会中的特殊属性有关。②负向不确定性对衣着消费的影响同样不明显，这也是因为衣着属于生活必需品，但是正向不确定性对衣着支出具有明显的促进作用，即当年景好时农村居民往往要给家人和自己购置衣服，既体现出了对家人的关怀，同时显示出自己的劳作取得了一定成绩。③家庭设备及服务、交通和通信这两项支出受不确定性因素的影响最为显著，正向不确定性对农村居民的家庭设备及服务、交通和通信的支出具有促进作用，而负向性不确定性对这两项支出具有更强的抑制作用。④正向不确定性出现会使农村居民对于一些娱乐活动有较高的积极性，并且对子女的教育会更加重视。但是负向不确定性的影响并不明显。原因一方面是教育支出与居住支出类似，农村居民对该项支出一般也是已经提前有了支出预期；另一方面伴随着农村居民的收入增长和孩子数量的减少，农村居民对于子女的教育越加重视。⑤正向不确定性不会使农村居民明显增加医疗保健支出，甚至还会减少。而负向不确定却会使医疗保健支出反而增加。原因可能是不确定性的产生与该年农户家庭成员是否有疾病相关。

第 8 章 收入结构对农村居民消费行为的影响研究[＊]

8.1 问题的提出

凯恩斯（Keynes，1936）曾在《就业、利息和货币通论》中写道，"消费乃一切经济活动之唯一目的，唯一对象，如果消费倾向一经减低并为永久习惯，那不仅消费需求将减少，资本需求亦将减少"。然而我国农村消费市场长期低迷，如何启动？国内很多学者注意到这个问题，并从各个方面对农村居民的消费问题进行了有益的探讨。李锐（2004）采用 GARCH 模型对弗里德曼的持久性收入假说进行了检验，发现农村居民的消费支出主要取决于持久性收入水平，但暂时性收入对消费支出也有一定程度的影响，因而增加农村居民消费支出的最主要的途径是稳步提高其收入水平。李谷成、冯中朝（2004）在对我国农户消费—收入各变量进行偏相关分析的基础上，通过构建农户消费—收入的典型相关模型定量判别了农户消费支出与收入水平各分变量的关联作用程度及影响，提出为提升农村消费水平，必须加快农村基础

＊ 曾发表于《天府新论》2011 年第 4 期，笔者对题目和部分内容进行了修订。

设施建设和农村社会保障体系的构建。储德银（2009）通过建立地方政府支出与农村居民消费支出之间的个体固定效应变截距模型，分析出我国地方政府的财政支农支出对农村居民消费具有促进作用，而转移性支出与农村居民消费的相关程度不明显，加大地方政府财政支农力度、优化财政支出结构成为促进农民消费的关键环节。还有王健宇（2010）通过收入性质概念的提出，认为在收入值既定的情况下，收入性质（收入的增长性、不确定性和持久性）的差异会使农民消费表现出显著不同的消费行为特征，因此，为了开发农村市场，在提高农民收入水平的同时，还需注意改善农民的就业环境、完善农村社会保障制度以及促进农村金融事业的发展等。

　　以上文献的分析视角独到、政策合理，但是其研究主要都是在总量的基础上来分析农村居民总收入与总支出的关系，没有考虑到农村居民收入结构和支出结构的动态变化对这一关系的影响。农村居民收入是由不同的收入来源所组成的，而不同的收入来源有着各自不同的性质和特点，因而势必会对消费行为产生不同的影响。同时在农村居民的支出类型上，生活必需品和享受型商品的消费特征肯定也是不同的。因此，为了能够深层次地认清农村居民消费规律和成因，制定合理的增收政策以促进消费，进而拉动全国内需，通过细化农村居民的收入来源和支出类型，探寻不同收入来源对不同消费支出类型的具体影响是非常必要的。

8.2　农村居民收入来源与支出类型的结构性变化

　　近些年来国家对"三农问题"的重视程度越来越高，从农业税的减免到实现真正意义上的九年义务教育；从部分省份户籍制度的逐步淡化到"以工补农，以城带乡"战略的提出；从推行新型农村合作医疗，到构建农村低保；从农机购置补贴到"家电下乡"；从新农村建设到乡村振兴等，使农村居民的收入来源不仅更加多元化，支出类型也更加丰富多样。在农村居民的收入来源和消费类型发生明显改变时，有必要对两者的结构性变化进行分析①。

按照《中国统计年鉴》的划分，农村居民的收入结构包括了工资性收入、家庭经营收入、财产性收入和转移性收入四种。在农村居民的收入结构中，工资性收入是指农户成员受雇于单位或个人，靠出卖劳动力而获得的收入，也就是俗称的"外出务工收入"。近些年来，随着户籍管理与人口流动限制的放松、城市化和工业化的不断推进以及农村工业的迅速发展，农村居民的工资性收入增长迅速，逐渐成为农村居民的主要收入来源。

从表 8.1 可以看出，工资性收入占农村居民纯收入的比重从 1997 年的24.62% 稳步增长到 2019 年的 41.09%，上升了 16.47 个百分点，不仅成为农村居民的基本收入来源，也是农村居民纯收入增长的最大贡献源。家庭经营收入是指农村住户以家庭为生产经济单位进行生产筹划和管理的收入。家庭经营收入一直是农村居民的基本收入来源，但是该项收入在总收入的比重呈现出下降趋势，比重从 1997 年的 70.46% 一路下降到 2019 年的 35.97%，22年下降了 34.49%，下降幅度非常明显。财产性收入是指拥有金融资产或无形非生产性资产的农村住户向其他机构单位提供资金或将有形资产供其支配，作为回报而从中获得的收入。

表 8.1　　　　　　1997～2019 年农村居民收入来源占其总收入比重　　　　　单位：%

年份	工资性收入	家庭经营纯收入	财产性收入	转移性收入
1997	24.62	70.46	1.13	3.79
1998	26.53	67.81	1.40	4.26

---

① 这里所需的相关数据均来源于中经网和《中国统计年鉴》（1998～2020 年）。同时，为了获得相对可比的统计数据，对于农村居民的各项收入来源和整体消费水平利用各年农村居民的消费价格指数进行了调整；而对于农村居民的各类生活消费支出类型，均除以了相应年份各类支出类型的价格指数，保证数据的准确性和科学性。

续表

年份	工资性收入	家庭经营纯收入	财产性收入	转移性收入
1999	28.51	65.53	1.43	4.53
2000	31.17	63.34	2.00	3.50
2001	32.62	61.68	1.98	3.71
2002	33.94	60.05	2.05	3.97
2003	35.02	58.78	2.51	3.69
2004	34.00	59.45	2.61	3.93
2005	36.08	56.67	2.72	4.53
2006	38.33	53.83	2.80	5.04
2007	38.55	52.98	3.10	5.37
2008	38.94	51.16	3.11	6.79
2009	40.00	49.03	3.24	7.72
2010	41.07	47.86	3.42	7.65
2011	42.47	46.18	3.28	8.07
2012	43.55	44.63	3.15	8.67
2013	38.73	41.73	2.06	17.47
2014	39.59	40.40	2.12	17.90
2015	40.28	39.43	2.20	18.09
2016	40.62	38.35	2.20	18.83
2017	40.93	37.43	2.26	19.38
2018	41.02	36.66	2.34	19.98
2019	41.09	35.97	2.36	20.58

资料来源：根据 1998~2020 年《中国统计年鉴》计算得出。

　　由于我国农村居民整体收入较低、积蓄较少，也缺乏正规的金融投资渠道，而主要的有形资产房屋和土地对于农村居民的生产和生活保障具有举足轻重的特殊意义，因而财产性收入在总收入中的比重一直较低。1997 年农村居民的财产性收入占总收入的比重为 1.13%，到 2019 年为 2.36%，增幅很小。转移性收入指农村住户和住户成员无须付出任何对应物而获得的货物、服务、资金或资产所有权等，不包括无偿提供的用于固定资本形成的资金。一般情况下，是指农村住户在二次分配中的所有收入。转移性收入占总收入的比重也不大，但是其变化幅度呈现了明显的阶段性。1997～2003年，转移性收入占总收入的比重虽有波动，但是整体变化并不明显，1997年为3.79%，而2003年为3.69%，前后基本持平；从2003年以后，转移性收入占总收入的比重上升趋势加快，从2003年的3.69%增长到2019年的20.58%，16年增长16.89个百分点，这与我国2004年开始逐步推行的各类惠农政策，并加大农业补贴力度，把增加农村居民收入、提高农业综合生产能力、建设社会主义新农村、实施脱贫攻坚战略等作为工作重中之重的战略举措是协调同步的。

农村居民的生活消费支出结构包括食品支出、衣着支出、居住支出、家庭设备及其服务支出、交通和通信支出、医疗保健支出和教育文化娱乐支出共七大类。如表8.2所示，在农村居民的各项消费支出中，食品、衣着和生活用品及服务的支出比重呈现下降态势，人均食品支出额在农村居民人均生活消费支出中的比重从1997年的50.70%逐年下降到2019年的30.00%，下降了20.70个百分点，下降态势最为明显；衣着和生活用品及服务的人均支出额在农村居民人均生活消费支出中的比重分别从1997年的7.31%和6.76%下降到2019年的5.35%和5.73%，分别下降了1.96和1.03个百分点，下降幅度相对较小。在其他的各项消费支出项目中，居住、交通和通信、医疗保健等消费支出所占的比重增长较为明显，22年间分别提高了7.25%、8.62%和6.31%。教育文化娱乐的支出比重几乎没有发生变化，1997年为11.02%，2019年为11.12%。可以看出，食品、衣着、生活用品及服务等都是满足农村居民生存需要的生活必需品，属于低层次的消费需求，这类消费支出呈现下降趋势；而居住、交通和通信、医疗保健等消费支出都是满足农村居民发展需要的高层次消费需求，这类消费支出不仅均呈增长趋势，并且增长较快。这在一定程度上反映出我国农村居民的生活消费支出正在逐步升级，农村居民的生活水平明显改善。

表 8.2　　　　1997～2019 年农村居民消费支出类型占其总消费的比重　　单位：%

年份	食品	衣着	居住	生活用品及服务	交通和通信	教育文化娱乐	医疗保健
1997	50.70	7.31	14.29	6.76	5.16	11.02	4.35
1998	50.32	6.66	14.53	6.63	6.10	12.35	4.65
1999	50.90	6.37	13.78	6.78	7.26	11.12	4.70
2000	48.80	6.33	13.77	6.00	9.90	14.38	5.54
2001	47.77	6.41	14.22	6.06	11.42	13.46	5.90
2002	46.40	6.61	14.47	6.13	12.86	13.81	6.07
2003	44.95	6.81	13.96	6.13	15.94	14.65	6.43
2004	44.40	7.02	13.05	6.34	17.88	14.16	6.78
2005	42.46	7.71	12.35	6.92	20.07	14.45	7.64
2006	39.85	8.05	13.71	7.12	21.71	13.75	7.89
2007	37.46	8.62	14.85	7.62	23.05	12.87	7.85
2008	35.38	8.99	15.62	8.11	23.92	12.51	8.37
2009	32.86	9.20	16.56	8.71	25.05	13.46	8.84
2010	41.09	6.02	19.06	5.34	10.52	8.37	7.44
2011	40.36	6.54	18.42	5.92	10.48	7.59	8.37
2012	39.33	6.71	18.39	5.78	11.05	7.54	8.70
2013	34.13	6.06	21.11	6.08	11.69	10.08	8.93
2014	33.57	6.09	21.03	6.04	12.08	10.25	8.99
2015	33.05	5.97	20.89	5.92	12.61	10.51	9.17
2016	32.24	5.68	21.20	5.88	13.42	10.57	9.17
2017	31.18	5.58	21.48	5.79	13.78	10.69	9.67
2018	30.07	5.34	21.94	5.94	13.94	10.74	10.23
2019	30.00	5.35	21.54	5.73	13.78	11.12	10.66

资料来源：根据 1998～2020 年《中国统计年鉴》计算得出。

8.3 模型的设立与估计

为了探讨农村居民的收入结构与其消费行为之间的具体关系，本章将从两个方面来分析农村居民收入结构对其消费的影响：一是对比分析农村居民收入结构对全国农村居民的消费和分地区消费（东部、中部和西部）的影响；二是探寻农村居民收入结构对其生活消费支出结构的影响。

8.3.1 模型的设立

根据凯恩斯的绝对收入假说，收入是影响居民消费的最重要因素。借鉴已有的研究成果（李敬强，2009；葛晓鳞，2010；张秋慧，2010；祁毓，2010），同时考虑到消除异方差和保持数据的平稳性，本章建立以下对数形式的面板回归方程：

$$\ln Consume_{it} = \alpha_i + \beta_1 \ln GZXSR_{it} + \beta_2 \ln JYXSR_{it} + \beta_3 \ln CCXSR_{it}$$
$$+ \beta_4 \ln ZYXSR_{it} + \mu_{it} \tag{8.1}$$

其中，$i = 1, 2, \cdots, N$，代表了面板数据中的省份数；$t = 1, 2, \cdots, T$，代表了面板数据中的年份数。$Consume_{it}$ 为被解释变量，代表了第 i 个省份（区、市）第 t 期的农村居民消费水平，这里的消费包括了全国农村居民消费、三大地区农村居民消费和七大类农村居民的具体生活消费支出；$GZXSR_{it}$ 为第 i 个省份（区、市）第 t 期的工资性收入；$JYXSR_{it}$ 为第 i 个省份（区、市）第 t 期的农村居民家庭经营收入；$CCXSR_{it}$ 为第 i 个省份（区、市）第 t 期的农村居民财产性收入；$ZYXSR_{it}$ 为第 i 个省份（区、市）第 t 期的农村居民转移性收入；α 为截距项；β_1、β_2、β_3 和 β_4 为各收入来源变量的系数；μ_{it} 为随机误差项。

　　由于面板数据的两维特性，模型设定的正误直接决定了参数的有效性。因此，在式（8.1）建立的基础上，还必须对其估计形式进行检验。检验的目的主要是确定模型参数在所有横截面样本点和时间上是否是相同的常数，从而可以在混合效应模型、固定效应模型和随机效应模型三种模型中确定具体采用何种估计形式。具体检验的方法为 F 检验和 Hausman 检验。F 检验的具体公式为：

$$F = \frac{(SSE_r - SSE_u)/(N-1)}{SSE_u/(NT-N-k)} \tag{8.2}$$

其中，SSE_r 和 SSE_u 分别表示为有约束模型（混合效应模型）和无约束模型（固定效应模型或随机效应模型）的残差平方和。在给定的显著性水平 α 下，如果 $F < F_\alpha(N-1, NT-N-k)$，则接受零假设，即选择混合效应模型进行估计，反之则选择固定效应模型或随机效应模型。而对于固定效应模型和随机效应模型之间判断问题，需要采用 Hausman 检验来识别。如果 Hausman 检验拒绝了原假设，就表示应建立固定效应模型；反之则应该选择随机效应模型。

8.3.2　收入结构对人均消费水平的影响

　　表8.3 为全国农村居民的消费水平与分地区的消费水平对其各收入来源的回归结果，由于消费行为具有习惯性的特征，当回归结果出现自相关时，在模型的解释变量中进一步加入 AR（1）项，以此来消除模型随机误差项的自相关影响。可以看出，全国和东部地区的消费经过 F 检验和 Hausman 检验的筛选，采用了个体固定效应模型进行估计，说明全国各个省份（区、市）和东部地区各个省份（区、市）的农村居民，在 1997 ~ 2019 年，各省份

（区、市）内部的自主性消费没有发生显著性变化，但是横截面上各个省份（区、市）之间的自主消费水平差异明显。中部地区和西部地区农村居民的消费经过 F 检验和 Hausman 检验的筛选，采用了混合效应模型进行估计，反映了这些地区各个省份（区、市）的农村居民的自主消费无论是在时间上，还是在横截面上都没有明显的差异。

表8.3 农村居民收入结构对其消费水平影响的估计结果

变量		全国		东部地区		中部地区		西部地区	
		系数	t 值	系数	t 值	系数	t 值	系数	t 值
工资性收入		0.5242 ***	13.2326	0.8523 ***	9.5273	0.4441 ***	10.2103	0.5423 ***	6.0287
家庭经营收入		0.5423 ***	9.2356	0.3652 ***	5.0789	0.4841 **	3.2150	0.6021 ***	6.5476
财产性收入		0.0192 **	2.9563	0.0486 *	2.1563	0.0223 *	1.9965	0.0166	1.2357
转移性收入		0.1154 ***	5.0139	0.0421 **	2.1538	0.0400 *	1.9527	0.1567 ***	3.5820
AR（1）		0.6133 ***	8.7755	0.5952 ***	9.0241	0.4152 **	2.5320	0.5563 ***	5.0287
常数项		1.3215 ***	3.0258	0.3320	1.2053	1.3654 *	1.7523	0.8956	1.4587
模型选定	F 检验	44.5685		109634		2.2581		1.9630	
	Hausman 检验	80.1216		58.1117					
	估计形式	固定效应模型		固定效应模型		混合效应模型		混合效应模型	
R^2		0.9822		0.9901		0.9689		0.9642	
F 统计量（Pr > F）		399.5560		601.4447		152.3689		101.4268	
		0.0000		0.0000		0.0000		0.0000	
DW 值		2.0601		1.8365		2.1002		1.7563	

注：*** 、** 和 * 分别表示了通过 1%、5% 和 10% 的显著性水平。

从各个解释变量的系数来看，全国、中部地区和西部地区农村居民的消费水平对各个收入来源的弹性系数表现出以下的递减关系：即依次为家庭经营性收入 > 工资性收入 > 转移性收入 > 财产性收入；而东部地区弹性系数的递减关系则表现为：工资性收入 > 家庭经营性收入 > 财产性收入 > 转移性收入。从这两个不等式可以得出两个结论：一是无论哪个地区，工资性收入和家庭经营收入对农村居民的消费影响最大。根据弗里德曼的持久收入假说，理性的消费者为了实现效应最大化，不是根据现期的暂时性收入，而是根据长期中能保持的收入水平，即持久收入水平来做出消费决策的。而正如前面所分析，这两项收入来源是农村居民收入中最为重要和最为稳定的两项收入，以 2018 年和 2019 年为例，两项收入占农村居民总收入的比例分别为 41.02%、36.66% 和 41.09%、35.97%。这在一定程度上对弗里德曼的持久收入假说进行了很好的印证。二是东部地区农村居民的工资性收入增长 1%，将会引起消费增长 0.85%，远远高于其他收入来源的影响，反映出东部地区工资性收入已经超越传统的家庭经营收入，已经成为其收入组成的重中之重。改革开放以来，东部地区得益于沿海地理优势，加上政府在税收和土地租赁等方面的特殊优惠政策，通过利用外部资金和开展对外贸易，建立起大量以出口为导向的加工制造工业，经济实力迅速壮大。截至 2019 年，东部地区以占中国 11% 左右的土地面积贡献出全国 57.41% 的财政收入和 53.49% 的工业产值，东部地区占中国国内生产总值（GDP）的比例也达到了 51.58%。工业化和城镇经济的快速发展，对周围农村经济的发展起到了很好的辐射作用，农村居民的工资性收入增长迅速。

8.3.3　收入结构对消费支出结构的影响

表 8.4 为农村居民的各消费支出类型对其各收入来源的回归结果。通过经过 F 检验和 Hausman 检验的筛选，除了交通和通信支出采用了混合效益模型估计形式以外，其他各类支出采用了固定效应模型估计形式。同时通过表 8.4 可以看出，作为农村居民主要收入来源的工资性收入和家庭经营收入对其各类支出项目的影响程度依然明显大于财产性收入和转移性收入。

表 8.4　　　　　　　　农村居民收入结构对其消费结构影响的估计结果

变量		食品	衣着	居住	生活用品及服务	交通和通信	医疗保健	教育文化娱乐
工资性收入		0.3155 *** (7.1586)	0.7864 *** (9.0004)	0.3652 *** (4.9851)	0.4652 *** (6.9632)	0.4153 *** (12.4785)	0.7012 *** (11.589)	0.3357 *** (5.2086)
家庭经营收入		0.2459 *** (3.1156)	0.6385 *** (4.8523)	0.6075 *** (3.9001)	0.8657 *** (7.8621)	0.7555 *** (9.8756)	0.4900 *** (4.5896)	0.3742 *** (3.2580)
财产性收入		0.0342 * (2.2210)	0.0700 ** (2.5135)	0.0298 (1.5623)	0.0228 * (1.9000)	0.0562 ** (2.2223)	0.0501 ** (2.4274)	0.0211 ** (2.1333)
转移性收入		0.0595 ** (2.8546)	0.1482 *** (5.0216)	0.1762 *** (5.9956)	0.1952 *** (5.0324)	0.0401 *** (7.0852)	0.2519 *** (7.5238)	0.1025 * (1.9523)
AR（1）		−0.4458 *** (−3.2201)		0.5213 *** (6.0879)	0.4102 *** (7.1002)	0.4862 *** (4.8524)		0.5201 *** (9.6025)
常数项		3.8547 *** (6.9863)	−1.9654 *** (−7.4567)	−2.8527 *** (−3.5986)	−1.9635 *** (−8.5674)	2.2586 ** (3.5698)	−0.8956 *** (−5.6325)	0.5525 * (1.7623)
模型选定	F 检验	8.6932	18.5642	7.8564	3.1260	0.8976	32.1598	3.2654
	Hausman 检验	15.8975	28.5641	15.6895	75.2665		813.6523	9.5264
	估计形式	固定效应模型	固定效应模型	固定效应模型	固定效应模型	混合效应模型	固定效应模型	固定效应模型
R^2		0.9191	0.9256	0.9102	0.9584	0.9862	0.9456	0.9454
F 统计量 （Pr > F）		60.8777 0.0000	85.6379 0.0000	100.2322 0.0000	174.4562 0.0000	175.4125 0.0000	180.6398 0.0000	165.5214 0.0000
DW 值		2.0012	2.0102	2.1523	1.8522	2.2010	1.6235	2.1111

注：　***　、** 和 * 分别表示了通过 1%、5% 和 10% 的显著性水平。

　　但相比较而言：工资性收入对衣着支出、医疗保健支出的影响最为显著。就衣着支出而言，工资性收入增长 1%，将会引起消费增长 0.7864%。我国居民（特别是农村居民）从古至今就有着"衣锦还乡"和"注重面子"的传统意识，农民工外出打工回乡往往要给家人和自己购置衣服，既体现出了对家人的关怀，同时从外表上显示出自己在外的奋斗取得了一定的成绩，以此获得亲朋好友的尊重和赞扬。工资性收入对医疗保健支出的影响也较为显著，工资性收入增长 1%，会引起医疗保健支出增长 0.7012%，这说明了农村居民对自身健康及保健意识的大大增强，农村消费正在向注重生存质量型的小康生活转化；但是从另外一个角度也反映了医疗改革的市场化，使农村居民的医疗负担较大，因病返贫的现象时有发生。

家庭经营收入主要影响了衣着、居住、生活用品及服务、交通和通信等生活消费的支出。在农村的实际生活中，衣着、居住和大部分家庭设备都是生活必需品，这类消费一般比较稳定，而家庭经营收入的持久性为这类消费提供了保障。同样，对于当前农村居民的交通和通信支出，除了部分的社会交往需求，农村居民购买农用汽车、移动电话等的主要目的依然是生产经营需要，根据张秋慧（2010）等的调查访问，生产经营支出是农户最先保证和最为重要稳定的支出，因而同样需要持久性较强、稳定性较高的家庭经营收入作为后盾。

财产性收入和转移性收入在总收入中所占的比例很小，而且来源单一，因而对农村居民各个支出类型的影响均有限。相对而言，财产性收入主要影响了农村居民的衣着消费，其收入增长 1%，将会引起衣着消费增长 0.0700%，反映出农户对这类收入的支出还停留在生活必需品的消费上。转移性收入主要影响了农村居民的家庭设备及其服务和医疗保健的消费支出，特别是对于医疗保健的影响，其弹性系数达到了 0.2519，远高于其他支出项目。

8.4　结论与政策启示

本章对我国 1997～2019 年农村居民的收入结构和消费结构的变化进行了统计性描述。在收入结构方面，工资性收入和家庭经营收入构成了农村居民收入的主体。其中，家庭经营收入在农村居民总收入中的比重一直在下降，但是工资性收入比重的持续上升，使两者之和占总收入的比重一直保持在75%以上。财产性收入占农村居民总收入的比重一直较小，增幅也不明显；转移性收比重虽然相对较小，但是近些年由于政府推行"两减免三补贴"等的惠农政策，农业的支出力度越来越大，农村居民的转移性收入增长趋势显著，成为农村居民增收的新动力、新亮点。整体而言，农村居民的收入结构趋于更加多元化、合理化。在消费结构方面，农村居民的食品、居住支出仍然居于前两位，但医疗保健、交通和通信等高层次的需求逐渐上升，表明农村居民的消费结构正处于升级变动之中，但尚未发生根本性的改变，农村居民的消费结构依然处于较低水平。

面板数据的回归结果表明：在农村居民收入结构对消费支出的影响方面，无论是全国还是各个地区（包括东部、中部和西部），农村家庭的基本收入来源（工资性收入和家庭经营收入）由于其较强的稳定性和持久性，对农村居民消费的影响明显大于非基本收入来源（财产性收入和转移性收入）的影响。另外，由于改革开放以来东部地区快速的工业化和城镇经济发展对农村地区起到良好的带动作用，东部地区农村居民的工资性收入已经超越传统的家庭经营收入，成为影响农村居民消费的主要收入来源。在收入结构对消费支出结构的影响方面，农村家庭的基本收入来源（工资性收入和家庭经营收入）对各个支出项目的影响依然明显大于非基本收入来源（财产性收入和转移性收入）的影响。但是相对而言，工资性收入对衣着支出、医疗保健支出的影响最为显著；家庭经营收入主要影响了衣着、居住、生活用品及服务、交通和通信等生活消费的支出；财产性收入对农村居民的衣着消费具有较强影响；而转移性收入则主要影响了农村居民的家庭设备及其服务和医疗保健的消费支出。

以上结论给予我们一个深刻的启示，那就是我国农村居民的消费行为显著地受到具有稳定性、持久性的基本收入来源的影响，这与李锐（2004）所认为的"弗里德曼的持久性收入假说更好地解释了我国农村居民消费行为"

的观点是基本一致的。因此，为了激活农村消费市场，提高农村居民的消费水平，要求各级政府采取切实可行的措施稳步提升农村居民的持久性收入水平，例如，大力开展农村职业技术培训，广开就业门路，力保农村居民的工资性收入稳增不降；此外，中央和地方财政还应加大对"三农"转移支付的力度，落实粮食直补、良种补贴、农机具购置补贴等一系列优惠政策，带动农村居民转移性收入的稳定增加；同时提高农村土地征占用补偿水平，加快农村土地流转，鼓励农村居民参加入股投资，促动财产性收入的持续性提升。只有以此降低了农村居民的不确定性感受，才能有效地促进农村居民消费的增长。

第9章 收入质量属性对农村居民消费行为的影响研究*

——基于经典收入假说消费理论

9.1 问题的提出

有关我国农村居民的消费行为问题，由于其较强的特殊性，一直成为学术界关注的热点问题（陈冲，2014），尤其面对经济高质量发展阶段，转变经济增长动力、实现内需驱动增长，发挥消费基础性作用，更是使该问题的研究价值进一步凸显。西方经典消费理论重点强调了收入因素对消费行为影响的重要性。例如，凯恩斯的绝对收入理论告诉我们，现期的收入水平会影响居民的消费水平；而持久收入理论则认为，真正对消费能够产生深入影响的是收入中的稳定所得部分；预防性储蓄理论指出，虽然收入增加会对居民消费倾向产生积极影响，但是收入的不确定性会对消费水平的提升起到抑制作用，人们为应对将来的不时之需会增加预防性储蓄；但流动偏好理论进一步分析收入对消费的影响时却认为，消费者是否敢于消费，还要看当缺钱时

* 曾发表于《兰州财经大学学报》2022 年第 1 期。

是否能够顺利进行借贷已满足消费支出，等等。这些经典的西方消费理论给我们的直观感受似乎都有很道理，都有可取之处。然而，由于受到经济基础、社会文化、历史背景等特殊国情下多种因素的影响，致使这些西方主流的消费理论对我国农村居民的消费行为，很难给出一个全面系统的解释，研究结论总是差强人意（高梦滔、毕岚岚，2008；王建宇、徐会奇，2010；齐飞、夏杰长，2015；熊波、李佳桐，2017；南永清、臧旭恒，2019）。

究竟收入的哪个方面影响了农村居民的消费行为？这些收入的不同层面对不同消费品类型的影响又是否一致？面对改革开放以来我国农村居民人均纯收入平均每年 8% 以上的增长速度，为何消费水平没有与收入同步增长？本章在综合西方主要收入假说消费理论的基础上，提出从收入质量属性来探析不同收入质量因素对农村居民消费行为的影响，以期能为从收入质量层面入手来启动农村消费市场、发挥消费的经济基础性作用提供理论依据。

9.2 收入质量属性的体系构建

收入是影响农村居民消费行为的最核心因素。一般来说，谈及的收入都是指收入水平或收入数值，即狭义收入的含义。但从广义上讲，农村居民的收入不仅包含其数量上的性质，同时也有质量上的属性，即收入质量属性。收入数量的变动只能反映名义收入数值的变化，不能真实反映农村居民的收入水平和消费水平，属于量变范畴；而收入质量属性不但决定了收入水平，而且能够反映农村居民参与经济活动的程度，收入质量属性的变化才能真正体现其经济实力的提升和消费购买力的增强，属于质变范畴。本章的研究重点就在于考察农村居民的收入质量属性对其消费行为的具体影响，即面对既定的收入水平，收入的质量属性的差异会对不同地区、不同消费品类型的消费行为产生差异性影响，这也是研究收入质量属性的经济意义之一。面对改革开放以来我国农村地区发生翻天覆地的变化、农村居民人均纯收入持续性增长，但农村市场依然尚未真正意义上启动，农民的消费依然谨慎，其主要原因就在于我国农村居民的收入质量属性存在劣势，限制了其消费的扩张与增长。

主流的消费理论沿着由即期消费扩展到跨期消费、由确定性条件下的消费扩展到不确定性条件下的消费、由宽松条件下的预算约束扩展到严格条件下的预算约束的线索，经历了绝对收入假说论、相对收入假说、生命周期假说、持久收入假说、预防性储蓄理论、流动性约束理论、缓冲存货理论等。每一次消费理论的演化可谓都是对收入质量属性内涵的扩充。综合现有消费理论的核心思想，本章认为，高质量的收入应该具有数量充足（充足性）、稳定性强（持久性）、预期性强（不确定性）、可跨期支配（流动性）以及低投入（成本性）等方面的属性。这些质量属性反映了不确定性因素、外部的环境因素和各种制度因素等共同影响效应；同时面对既定的收入水平，收入质量属性是影响农村居民消费行为差异的主要原因。

9.2.1　收入充分性

收入的充分性是指农村居民收入数量能否有效保障其消费支出的所需，体现了收入质量属性的深度。绝对收入假说（Keynes, 1936）认为，消费支出主要由即期收入决定，并且消费水平会随居民即期收入的提高而扩大，这就意味着收入数量上越充足，农村居民的消费行为往往越积极。缓冲存货假说（Carroll, 1992）进一步提出，居民往往会留存一部分收入，这部分收入相当于一种缓冲存货，旨在境况好时增加消费或境况差时维持正常消费，这一思想进一步强化了收入的充分性对于居民消费的重要意义，收入越充足，居民的安全心理越强，消费倾向越高。收入的充足性是消费需求提升的根本前提，基于绝对收入假说与缓冲存货假说的核心思想，本章这里提出收入充分性这一质量属性，同时提出以下假设。

假说 1：收入既定条件下，收入充足性越强，农村居民的消费倾向越强。

9.2.2　收入持久性

收入的持久性是指农村居民收入的波动情况，体现了收入质量属性的稳定性。通常收入缺乏稳定性的农户生活相对窘困，消费参与度也较低。弗里德曼（Friedmann）于 1957 年在《消费函数理论》一书中提出了持久收入假说消费理论，该理论最大的贡献在于关注了收入本身隐含的内部属性，即将居民收入分为持久性收入和临时性收入两部分，并认为真正会对消费行为产生显著影响的是收入中相对稳定的持久性收入部分，而偶然性的临时收入对居民的消费行为影响较小。收入持久性差往往难以保障农村居民生活状态的安稳，严重损害农村居民消费的平稳性，甚至造成消费行为出现谨慎性特征。因此，基于持久收入假说的核心思想，本章这里提出收入稳定性这一质量属性，同时提出以下假设。

假说 2：收入既定条件下，收入持久性越强，农村居民的消费倾向越强。

9.2.3　收入不确定性

收入的不确定性是指依据已有信息（主要是实际收入的变化规律），对未来一定时期收入变化情况进行判断的能力，体现了收入质量属性的可预见性。自生命周期假说（Modiglianni，1954）以后，西方消费理论基于适应性预期理论，开始研究一生资源与各期消费额之间的关系，认为消费水平既取决于当前的收入，同时也取决于对未来收入的预期。而预防性储蓄理论（Leland，1968）认为，未来收入一旦受到市场、自然和制度等因素的影响而变得模糊和不可预测（即收入出现不确定性），居民往往为了保障自身的消费需求，应对不时之需而进行预防性储蓄，消费倾向则出现降低。因此，这里基于预防性储蓄理论的核心思想，进一步提出收入不确定性这一质量属性，同时提出以下假设。

假说3：收入既定条件下，收入不确定性越强，农村居民的预防性储蓄越强，消费倾向越弱。

9.2.4　收入流动性

收入的流动性是指农村居民收入的跨期支配情况，体现了收入质量属性的广度。在预防性储蓄假说之后，卡罗尔（Carroll，1992）等发现，该理论在一定程度上放大了不确定性因素对消费者的影响，因为无论是面对收入的不确定性还是消费的不确定性，消费者可以选择借贷的方式来放宽消费约束，从而缓解消费风险，这在一定程度上弱化了预防性储蓄动机。而流动性约束假说（Zeldes，1989）正是将借贷能力纳入跨期消费理论当中，认为借贷能力可以化解流动性约束，居民除了依靠自身的当期收入（财富），还可以通过借贷方式来满足自己的当期消费，从而减少预防性储蓄。因此，收入的流动性事实上就是一种跨期支配，可以很大程度上影响消费者当期的消费预算约束，使居民的消费需求可以通过支配未来的收入予以实现，而不再仅仅局限于当期收入，从而更加有利于实现一生消费效用的最大化。为此，按照流动性约束假说的核心思想，本章进而提出收入的流动性这一质量属性，同时提出以下假设。

假说4：收入既定条件下，收入流动性越强，农村居民的消费倾向越强。

9.2.5　收入成本性

除了以上收入质量属性，本章这里还提出收入的成本性。收入的成本性是指农村居民为了获取收益而付出的成本情况，可以体现出收入质量属性的效率。伴随着农村经济的发展和城乡一体化的逐步推进，农村居民的收入成本已经不仅局限于传统农业生产过程需要支付的种子、化肥、农药、农具、饲料等方面的成本，还包括了交通投入、信息收集、人际关系、职业培训等方面的成本，即流动成本和交易成本。而根据消费心理学的基本观点，在获取收入的过程中，当农户的支付成本过高时，不仅直接影响农村居民的可以支配收入水平，同时其市场经济活动参与度相对较低，预防性储蓄行为增强。因此，基于上述分析，本章这里还提出收入成本性这一质量属性，并提出以下假设。

假说5：收入既定条件下，收入成本性越强，农村居民的消费倾向越弱。

以上有关收入质量属性的五个方面，均是在紧扣已有西方主要消费理论核心影响因素（即收入质量属性的某一方面）的基础上，从理论上对收入质量属性的体系构建予以说明。而在收入水平既定的条件下，收入质量的不同属性会对农村居民的消费产生何种影响？对不同消费品类型的消费行为影响是否具体差异性？有待进一步的检验与分析（见表9.1）。

表9.1　　收入质量属性的体系构建及其对农村居民消费影响的预期

收入质量属性体系构建	理论依据	预期影响
收入充足性	绝对收入假说（the absolute income hypothesis）缓冲存货假说（the buffer inventory hypothesis）	收入既定条件下，收入充足性越强，消费倾向越强；反之则相反
收入持久性	持久收入假说（the permanent income hypothesis）	收入既定条件下，收入持久性越强，消费倾向越强；反之则相反
收入不确定性	预防性储蓄理论（the theory of precautionary saving）	收入既定条件下，收入不确定性越强，预防性储蓄越强，消费倾向越弱；反之则相反
收入流动性	流动性约束理论（the theory of liquidity constraints）	收入既定条件下，收入的流动性越强，消费倾向越强；反之则相反
收入成本性	消费心理学（the consumer psychology）	收入既定条件下，收入成本性越强，消费倾向越弱；反之则相反

9.3　模型推理与设定

　　西方消费理论发展的重要分水岭之一，就是针对传统确定性消费理论的严格假设，引入收入不确定性因素，并以此分析不确定性条件下消费者的跨期消费行为（陈冲，2014）。本章的模型推理也是基于对不确定性因素的考虑，在对相关因素和假设进行逐步放大的基础上，形成本章实证检验所需的计量模型。

　　有关不确定性条件下消费者的跨期消费行为理论，迪顿（Deaton，1991）和卡罗尔（1997）提出的缓冲存货储蓄理论是具代表性的理论成果之一。该理论与以往预防性储蓄理论的主要不同之处在于，缓冲存货储蓄理论认为，消费者的预防性储蓄不是漫无边际，而是有一定的限度（即存在一个峰值）。这就意味着消费者为了应为将来的收入或者消费的不确定性，往往会首先确定一个储蓄目标，一旦其财富积累超过了储蓄额度，消费者的预防性储蓄行为会显著弱化，从而更倾向于扩大当期消费以提高自身的效用水平。

　　基于缓冲存货储蓄理论的思想，卡罗尔（1997）利用倒推法对缓冲存货模型进行了模拟，发现财富目标与持久收入和收入不确定性之间存在以下关系。

$$\omega_t = \alpha_0 + \alpha_1 y_t'' - \alpha_2 unc_t \tag{9.1}$$

其中，wt 为缓冲存货储蓄目标，y_t'' 为永久收入，unc_t 为收入不确定性。同时，从式（9.1）可以看出，消费者在消费决策过程中，不会将现期收入全部用于消费，为了应对未来的不确定性因素，先要设立一个储蓄目标。在完成预防性储蓄目标之前，储蓄动机大于消费动机，获得的收入更倾向于储蓄；而在完成了预防性储蓄之后，消费动机才会强于储蓄动机，剩余的收入主要用于当期消费。另外，式（9.1）也揭示储蓄目标的形成机理，即为了应对将来的不时之需（收入和消费的不确定性），居民会根据自身的持久收入以及面临的不确定性程度两个因素来确定一个储蓄目标。

然而，迪顿（1991）的研究表明，在不确定性条件下，流动性约束型消费者（即消费信贷约束者）倾向于增加储蓄，以保持大量的缓冲资产存量，并且流动性约束程度越高，消费在不同时期间的转换能力就越差，由此缓冲存货的储蓄目标会提升。这就说明式（9.1）中除了分析持久收入与不确定性程度因素，还需考虑收入的流动性问题（用 liq_t 表示）对缓冲存货的储蓄目标的影响。即：

$$wt = \alpha_0 + \alpha_1 y_t'' + \alpha_2 unc_t + \alpha_3 liq_t \qquad (9.2)$$

除了需要缓冲存货的理论思想之外，这里还需借助确定性条件下消费理论的一般函数形式，以此来推到本章所需的计量模型。确定性条件下消费理论的一般函数形式为（王健宇、徐会奇，2010）：

$$ct = f(y_t, c_{t-1}) + \sigma \qquad (9.3)$$

在式（9.3）中，ct 为第 t 期的消费水平；y_t 为第 t 期的收入水平；c_{t-1} 为第 t−1 期的消费水平；σ 为随机误差项。在线性情况下，式（9.3）的具体形式为：

$$ct = \beta_0 + \beta_1 y_t + \beta_2 c_{t-1} + \sigma \qquad (9.4)$$

由式（9.4）可以看出，在确定性条件下，消费决策主要是取决于消费者当期收入水平和过去的消费习惯。然而，式（9.1）的经济含义告诉我们，当消费者存在缓冲存货的储蓄目标时，真正决定消费水平的是储蓄目标实现之后剩余的部分（即 $y_t - w_t$），不是当期收入 y_t。为此，这里用 $y_t - w_t$ 来代替式（9.3）中 y_t，即可得到：

$$c_t = \beta_0 + \beta_1(y_t - w_t) + \beta_2 c_{t-1} + \sigma \qquad (9.5)$$

进一步将式（9.1）代入式（9.5），经整理可得：

$$c_t = \beta_0 - \alpha_0\beta_1 + \beta_1 y_t - \alpha_1\beta_1 y_t'' - \alpha_2\beta_1 unc_t - \alpha_3\beta_1 liq_t + \beta_2 c_{t-1} + \sigma \quad (9.6)$$

式（9.6）表明，居民的当期消费受当期收入水平，持久性收入，收入不确定性以及前期消费影响。

根据王健宇（2010）对当期收入与永久收入之间关系的解释，在式（9.6）中，居民当期收入 y_y 与永久收入 y_t'' 之间存在着共线性问题。同时，考虑到本章的研究目的在于考察收入既定条件下收入质量属性对农民消费的影响，需要剔除收入水平变化对消费的直接影响。因此，这里对式（9.6）做出一定的调整与修正，即使用储蓄增量 Δs_t 来替换当期收入水平 y_t，可得：

$$c_t = \beta_0 - \alpha_0\beta_1 + \beta_1\Delta s_t - \alpha_1\beta_1 y_t'' - \alpha_2\beta_1 unc_t - \alpha_3\beta_1 liq_t + \beta_2 c_{t-1} + \sigma \quad (9.7)$$

式（9.7）的调整不仅解决了共线性问题，也提高了本章分析收入质量属性影响消费的说服力。另外，Δs_t 为当期储蓄的增量，它是消费者扣除消费之后余下收入的增量，可以有效地反映收入的充分性特征。Δs_t 越大，居民收入越有保障，增长速度越快，其充分性越强；反之则相反。

为此，式（9.7）可以反映收入充足性（Δs_t）、收入持久性（y_t''）、收入不确定性（unc_t）以及收入的流动性（liq_t）等指标对农村居民消费的影响。

进一步考虑到收入的成本性特征可能对消费决策产生的心理影响，同时为了消除异方差，在式（9.7）的基础上加入收入成本性（cos_t）后，并将其转换为本章用于实证检验的对数形式的一般模型形式：

$$\ln c_t = \gamma_0 + \gamma_1 \ln\Delta s_t + \gamma_2 \ln y_t'' + \gamma_3 \ln unc_t + \gamma_4 \ln liq_t + \gamma_5 \ln cos_t + \gamma_6 \ln c_{t-1} + \sigma$$

$$(9.8)$$

收入水平既定的条件下，收入质量属性是否会对农村居民消费行为产生

影响，以及在不同消费品类型上的影响程度是否存在差异，有待依据式
（9.8）进行实证检验。

9.4 实证检验与结果分析

9.4.1 数据说明

本章所需数据来自 2001～2020 年《中国农村统计年鉴》和《中国统计
年鉴》，所有指标数据均以人均值来进行了量化，同时以 2000 年为基期剔除
价格因素影响。各指标的具体说明如下。

（1）c_t 为农村居民人均实际消费支出。按照《中国农村统计年鉴》中的
定义，其是指农村居民用于满足家庭日常生活消费需要的全部支出。

（2）Δs_t 代表收入充分性。本章采用人均实际储蓄（人均实际纯收入 –
人均实际消费）的增量作为量化指标。这里的 Δs_t 越大，说明收入的充分性
越强，农村居民消费时的潜在支付能力越强。

（3）y_t'' 代表收入持久性。持久收入主要与当期收入和前期收入相关
（Friedman，1957）。这里按照已有文献中的常见做法，利用现期收入和前两
年收入的平均值来度量收入的持久性，具体计算公式为 $y_t'' = （y_t + y_{t-1} +$
$y_{t-2}）/3$，其中，y_t 表示农村居民第 t 年的人均纯收入。

（4）unc_t 为收入不确定性。有关收入不确定性的度量方法，利用"预期
收入离差率"来进行量化，这一做法更为贴近不确定性的含义（王健宇，
2010；陈冲，2014）。其具体测算方法如下：

$$unc_t = \frac{y_t^e - y_t}{y_t^e} = 1 - \frac{Y_t}{Y_{t-1} \times (1 \times r_t\%)} \qquad (9.9)$$

其中，y_t^e 为第 t 年的预期收入，它是根据上一年实际收入（y_{t-1}）和预期收入增长率（$r_t\%$）计算而来，即 $y_t^e = y_{t-1} \times (1 + r_t\%)$，而对于预期收入增长率 $r_t\%$，以每 3 年农村居民人均纯收入 y_t 的平均增长率代替。度量的收入不确定性 unc_t 有正有负，正值说明了农村居民的收入发生了预期之外的增长，负值则说明了农村居民的收入没有达到预期目标。

（5）liq_t 为收入流动性。考虑到收入流动性的内涵与数据的可获得性，本章使用农村居民的人均农业贷款余额来进行量化。

（6）cos_t 为收入成本性。为了同时考虑收入获得过程中成本的付出，这里选择农村居民人均农业固定资产投资与人均纯收入之比来进行度量。

9.4.2　模型估计及结果分析

考虑到自变量与随机干扰项存在相关而可能产生的内生性问题，本章这里选择动态面板广义矩估计法（GMM）来对式（9.8）进行估计。同时，利用阿雷利亚诺和博韦尔（Arellano and Bover，1995）提出的检验方法鉴别工具变量与估计结果的有效性。一是序列相关检验 AR（1）和 AR（2），主要判断残差是否存在序列相关。二是 Sargan 检验，主要判断工具变量是否整体有效。

9.4.2.1　总体回归结果

表 9.2 采用滚动回归的方法逐步加入收入质量属性的各个指标。从表 9.2 中的回归结果来看，估计模型的序列相关检验 AR（1）、AR（2）以及 Sargan 检验结果，均表明构造的动态面板模型回归结果科学有效。回归结果显示以下五个方面。

表 9.2　　　　　　　　　　　　整体回归结果

变量	模型 1	模型 2	模型 3	模型 4	模型 5
常数	3.2135 *** (3.4896)	2.8646 *** (2.5875)	2.8532 *** (2.2136)	2.3765 * (1.8977)	2.6514 (1.0284)
$\ln\Delta s_t$	0.7364 *** (9.2387)	0.4093 *** (4.4962)	0.6510 *** (6.1492)	0.9569 *** (6.1520)	0.8974 *** (5.8142)
$\ln y_t''$		0.8402 *** (6.5036)	0.8980 *** (5.2770)	0.8771 *** (3.1553)	0.7812 *** (3.5927)
$\ln unc_t$			0.3217 *** (2.3651)	0.3145 *** (2.8106)	0.2423 ** (1.9241)
$\ln liq_t$				−0.7919 ** (−2.1527)	−0.6653 (−1.3523)
$\ln cos_t$					−0.3258 * (−1.7323)
$\ln c_{t-1}$	1.0376 *** (4.8696)	0.7855 *** (6.1498)	0.7810 *** (6.1520)	0.9974 *** (5.5370)	1.2389 *** (5.4601)
AR（1）p 值	0.0000	0.0000	0.0000	0.0000	0.0000
AR（2）p 值	0.5621	0.6121	0.3625	0.5741	0.3897
Sargan 检验 （p 值）	22.6925 (1.0000)	19.5874 (1.0000)	20.6812 (1.0000)	20.5563 (1.0000)	18.7456 (1.0000)
Wald 检验 （p 值）	84.3256 (0.0000)	78.9652 (0.0000)	121.1021 (0.0000)	105.2213 (0.0000)	100.1216 (0.0000)
样本量	527	527	527	527	527

注：* 、** 、*** 分别表示通过了 10%、5% 和 1% 的显著性水平。

第一，收入充足性对农村居民当期消费支出具有显著的正向影响，其回归系数介于 0.4093 ~ 0.9569 表明提升农村居民储蓄的增长能力，使其收入充分性持续增强，对于开拓农村市场具有重要的积极作用，假设 1 得以验证。一方面，农村居民收入水平的增加与收入充分性的增强相辅相成，从而刺激农村居民敢于消费；另一方面，即使在既定的收入水平下，收入充分性的增强，也会引起农村居民消费倾向的提高，扩大当期消费。这一结论在一定程度上可以帮助解释2000年以来，农村居民平均消费倾向整体呈现增长态势的现象。按照绝对收入假说理论，居民平均消费倾向会随着收入水平的提升而逐步递减，即消费倾向递减规律。但是在2000～2018年，我国农村居民的平均消费倾向从0.7411增长到0.8295，这显然与凯恩斯提出的消费倾向递减规律是相悖的。按照本章的研究结论，在不考虑收入水平发生变化的情况下，收入充分性的提升可以激发农村居民的消费积极性，从而有效缓解了消费倾向递减规律的作用效果。自2000年以后，我国高度重视农民的增收问题，连续15个中央一号文件关注"三农"问题，从"家电下乡"到取消农业税，从新农村建设到发展现代农业，从农业供给侧改革到乡村振兴，从精准扶贫脱贫到全面建成小康社会等，在各项支农惠农政策的推动下，我国农村居民储蓄的增长能力显著提升，收入充分性明显改善，从而有效地缓解，甚至是扭转了农村居民平均消费倾向的递减态势。

第二，与弗里德曼的持久收入假说的基本理论一致，表9.2回归结果显示出收入持久性对我国农村居民的当期消费同样具有显著的正向影响，假设2得以验证。其中，模型5中的回归系数为0.7812，且通过了1%水平上的t检验，说明持久收入每增长1个百分点，会引起农村居民的消费水平提升0.7812个百分点。持久收入水平的提高有利于促进农民居民的消费行为，说明在收入水平既定的条件下，提升农村居民的收入持久性，有利于转变其消费谨慎、有钱不敢花的行为特征，扩大当期消费。

第三，与已有的研究结果明显不同的是，收入不确定性对农村居民消费行为产生了显著的积极影响，这与假设3的预期结果也不同。已有的研究成果一般都会得到收入不确定性对居民的消费产生负向影响，并验证了预防性储蓄动机的存在。而本章的回归结果却显示收入不确定性的回归系数为正，这与之前的预期影响结果有偏差，究其原因主要是本章度量收入不确定性的方法不同。本章利用"预期收入离差率"度量的收入不确定性有正有负，当 $unc_t > 0$ 时（为正值），说明农村居民的收入发生了预期之外的增长，此时回归系数值为正则反映出收入预期之外的增加会刺激农村居民扩大当期消费；

相反，当 $unc_t < 0$ 时（为负值），说明农村居民的收入发生了预期之外的减少，此时回归系数值为正则反映出收入预期之外的减少会使农村居民的消费行为变得相对谨慎。显然这一研究结论与经验事实是完全相符的，收入不确定性的回归系数为正值合情合理。同时，以上的研究结论给我们一个重要启示，为了有效提升农村居民消费行为的积极性，不能只是简单地增加收入水平，保持收入出现预期之外的增加至关重要。

第四，收入流动性与农村居民消费之间存在显著的负向关系，即随着收入流动性的增强不仅没有促进农村居民消费的增加，反而会减少其当期消费，这与流动性约束假说的基本理论是不一致的，并且与假说4的预期结果也完全相反。本章所讲的收入流动性沿用了泽尔德斯（Zeldes，1989）的思想，可以看作一种跨期借贷从而满足当期消费的行为，因而收入流动性的增加意味着农村居民跨期借贷能力的增强。为了满足自身的当期消费需求，农村居民除了依靠当期收入（财富）水平，还可以通过跨期借贷方式来实现，从而扩大消费水平，减少预防性储蓄。但是本章的研究却发现收入流动性的影响显著为负，究其原因，很可能是：具有流动性的借贷既可以是同他人或机构借贷，也可以是自己向自己的跨期借贷。由于我国农村地区养老保险、医疗保险等各类社会保障体系的不完善，同时农村地区的借贷体系发展时间不久，发展水平不高，因而大部分的农村居民对收入的借贷可能主要是自己向自己的"跨期借贷"，即将当期的消费借贷到未来消费，这样农村居民的当期消费就会出现减少。另外，借贷对农村居民一程度上还具有类似"李嘉图等价"的含义，因为当前的借贷，即为未来的还款的负担，这样会增加农村居民对未来的不确定性感受，为了应对将来的不时之需，农村居民的当前消费也会变得相对谨慎。

第五，收入成本性对农村居民消费影响为负，通过了10%水平上的t检验，同时其回归系数为 - 0.3258，说明收入成本性每增长1个百分点，会引起农村居民的当期消费水平下降0.3258个百分点，假说5得以验证。收入成本性的增加对农民居民的消费行为产生了抑制作用，反映在本章中的研究结果即为：在既定的收入水平下，大力推进农业供给侧改革，提高农业生产效率，降低农村居民的收入成本性有利于刺激农村居民扩大当期消费。

9.4.2.2 不同消费品类型的回归结果

在考察了收入质量属性对农村居民消费整体影响的基础上，本章进一步沿用前面相同的计量模型来分析收入质量属性对不同消费品类型支出的影响（见表 9.3）。从表 9.3 中的检验结果来看，sargan 检验的 P 值无法拒绝原假设，显示工具变量是有效的，另外序列相关检验 AR（1）和 AR（2）的 P 值显示扰动项的差分存在一阶自相关，但是不存在二阶自相关，因而接受原假设，所以总体看来，收入质量属性对不同类型商品影响的估计结果有效、可信，同时各收入质量属性对不同类型商品消费的影响程度存在差异。

表 9.3 不同消费品类型的回归结果

变量	食品	衣着	居住	生活用品	交通和通信	文教娱乐	医疗保健
常数	4.5611 (1.3817)	2.8677 * (1.7598)	2.2901 *** (3.3311)	2.6514 (1.0284)	3.1669 *** (2.4280)	2.6496 ** (2.2253)	2.0616 *** (3.7963)
$\ln\Delta s_t$	0.3077 *** (9.4968)	0.6927 *** (10.6896)	0.8653 *** (4.2564)	1.1650 *** (3.2586)	0.8845 *** (5.6271)	0.9761 *** (8.2579)	1.2319 *** (4.5677)
$\ln y_t''$	0.7549 ** (2.2029)	0.8102 *** (3.8968)	0.8027 *** (3.7871)	0.8040 * (1.7079)	0.8925 *** (4.8266)	0.8255 * (1.8552)	0.8597 *** (3.9876)
$\ln unc_t$	0.1142 *** (3.3907)	0.1602 * (1.7925)	0.2771 *** (5.5402)	0.3095 ** (3.6278)	0.2353 * (1.8104)	0.3569 ** (2.5403)	0.1457 (1.5720)
$\ln liq_t$	−0.2191 *** (−14.3818)	−0.1451 *** (−11.2314)	−0.2674 *** (−11.5899)	−0.5900 *** (−15.3645)	−0.3087 *** (−8.9652)	−0.1675 *** (−10.0862)	−0.4680 *** (−8.8871)
$\ln cos_t$	−0.1358 (−0.6582)	−0.2161 * (−1.9125)	−0.2847 (−1.6122)	−0.3532 ** (−2.2019)	−0.3306 * (−1.8012)	−0.3104 * (−1.7521)	−0.0821 (−1.0156)
$\ln c_{t-1}$	0.8661 *** (4.3955)	0.9188 *** (9.4601)	0.6892 *** (6.8159)	0.9722 *** (7.7052)	0.8395 *** (3.4391)	0.9634 *** (6.1661)	0.7253 *** (7.6210)
AR（1）p 值	0.0000	0.0000	0.0000	0.0000	0.0000	0.0000	0.0000
AR（2）p 值	0.6651	0.5241	0.3659	0.6672	0.2513	0.3156	0.1810

续表

变量	食品	衣着	居住	生活用品	交通和通信	文教娱乐	医疗保健
Sargan 检验 (p 值)	18.1216 (1.0000)	20.0202 (1.0000)	18.1018 (1.0000)	16.1210 (1.0000)	14.2051 (1.0000)	16.8897 (1.0000)	15.6396 (1.0000)
Wald 检验 (p 值)	131.5468 (0.0000)	106.7722 (0.0000)	95.2138 (0.0000)	112.9674 (0.0000)	86.2546 (0.0000)	87.9135 (0.0000)	102.5486 (0.0000)
样本量	527	527	527	527	527	527	527

注: * 、** 、*** 分别表示通过了 10% 、5% 和 1% 的显著性水平。

首先,收入充足性与收入持久性对农村居民不同类型消费品支出的影响具有一定的一致性。即收入充足性和收入持久性对家庭设备、交通通信、文教娱乐和医疗保健等商品的影响较为明显,相反,对食品、衣着和居住等基本生活资料类商品的影响相对较小。这说明对于相对不容易获得的发展型和享受型消费商品,农村居民家庭的储蓄规模和收入的稳定程度起着至关重要的作用。

其次,收入不确定性对各类商品的影响系数均为正值,而流动性收入对各类商品均产生了负向影响,这与之前总体消费支出的影响方向是完全一致。收入不确定性系数的正值说明了当农村居民的收入发生了预期之外的增长时,往往会增加这些商品的消费数量,而当农村居民的收入发生了预期之外的减少时,则其消费行为变得相对谨慎。流动性收入的负向影响则反映出我国农村居民可能存在自己向自己的"跨期借贷"行为,为了增加未来的消费而抑制当期消费,从而减少了当期各类商品的消费支出。

最后,收入成本性的负向影响主要体现在衣着、家庭设备、交通通信、文教娱乐等发展型、享受型商品上,而对于食品、居住和医疗等生活必需品的影响并不显著,这也符合一般经济事实。

9.5 研究结论与启示

本章在综合经典收入假说消费理论的基础上,基于广义收入的概念,构建了收入质量属性的指标体系，即收入充分性、收入持久性、收入不确定性、收入流动性与收入成本性。同时，根据中国 2001～2019 年 31 个省（区、市）的面板数据，实证检验了收入质量属性对我国农村居民消费的具体影响。研究结果表明：在收入数量既定的前提下，收入的各质量属性均会对农村居民的消费产生显著的影响，其中，收入充足性、收入持久性和收入不确定性对农村居民消费具有显著的正向影响；而收入流动性和收入成本性对农村居民消费具有一定的抑制作用。另外，从对不同类型消费品的影响来看，收入充分性和收入持久性对于相对不容易获得的发展型和享受型的消费商品的影响较大，但对于基本生活资料类商品的影响相对较小；收入不确定性、收入流动性对各类商品的影响总体消费支出的影响方向完全一致；收入成本性的负向影响主要体现在发展型、享受型商品上，而对于生活必需品的影响并不显著。

本章的研究结论从新的视角解释了长期以来我国农村居民收入增长与消费增长存在失衡的原因，即相较于收入数量的增长，我国农村居民收入质量属性的改善却明显滞后，这在很大程度上抵消了收入数量增长对农村居民消费的带动作用。为此，在大力提高农村居民收入水平的同时，通过改善就业环境、发展农业保险、完善农村社会保障、促进农村金融发展以及推进农业供给侧改革等措施，逐步提高农村居民收入的质量属性，对于启动农村消费市场，发挥消费对经济发展的基础性作用，具有重要的现实意义。

参 考 文 献

[1] 弗兰克·H. 奈特. 风险、不确定性和利润 [M]. 北京：中国人民大学出版社，2005.

[2] 李焰. 中国居民储蓄行为研究 [M]. 北京：中国金融出版社，1999.

[3] 弗兰克·艾里斯. 农民经济学 [M]. 上海：上海人民出版社，2006.

[4] 张书云. 中国农村居民消费水平与消费结构研究 [M]. 北京：经济科学出版社，2010.

[5] 梅金平. 不确定性、风险与中国农村劳动力区际流动 [M]. 北京：中国财政经济出版社，2003.

[6] 龙志和. 中国居民消费——储蓄模式研究与实证分析 [M]. 广州：华南理工大学出版社，2003.

[7] 朱向东. 中国农村居民消费与市场 [M]. 北京：中国统计出版社，2000.

[8] 赵卫华. 地位与消费 [M]. 北京：社会科学文献出版社，2007.

[9] 杭斌. 经济转型期中国城乡居民消费行为的实证研究 [M]. 北京：中国统计出版社，2007.

[10] 罗楚亮. 经济转轨、不确定性与城镇居民消费行为 [M]. 北京：社会科学文献出版社，2006.

[11] 陈燕武. 消费经济学——基于经济计量学视角 [M]. 北京：社会科学文献出版社，2008.

[12] 祁京梅. 我国消费需求趋势研究及实证分析探索 [M]. 北京：中

国经济出版社，2008．

[13] 裴春霞，臧旭恒．中国居民预防性储蓄行为研究 [M]．北京：经济科学出版社，2009．

[14] 刘怀德．不确定性经济学研究 [M]．上海：上海财经大学出版社，2001．

[15] 陈建国．不确定性与经济分析 [M]．广州：华南理工大学出版社，2007．

[16] 孙凤．消费者行为数量研究——以中国城镇居民为例 [M]．上海：上海三联出版社，上海人民出版社，2002．

[17] 汪浩瀚．微观基础、不确定性与中国居民跨期消费研究 [M]．北京：经济科学出版社，2006．

[18] 马成文，李想，郑丽琳．农村居民消费对我国经济发展影响效应研究 [M]．安徽：中国科学技术大学出版社，2010．

[19] 臧旭恒．居民资产与消费选择行为分析 [M]．上海：上海人民出版社，2001．

[20] 陈冲．人口结构变动与农村居民消费——基于生命周期假说理论 [J]．农业技术经济，2011 (4)：25～32．

[21] 陈冲．收入不确定性、前景理论与农村居民消费行为 [J]．农业技术经济，2014 (10)：67～76．

[22] 彭艳玲，苏岚岚．收入质量及其对农户创业决策的影响研究 [J]．农业技术经济，2019 (12)：56～67．

[23] 陈冲．收入不确定性的度量及其对农村居民消费行为的影响研究 [J]．经济科学，2014 (6)：46～60．

[24] 王健宇，徐会奇．收入性质对农民消费的影响分析 [J]．中国农村经济，2010 (4)：38～47．

[25] 康慧，张晓林．农村居民收入质量对生活满意度的影响 [J]．经济问题，2019 (4)：77～84．

[26] 齐飞，夏杰长. 我国农村居民消费收敛性及影响因素分析 [J]. 财政研究，2015（9）：2～6.

[27] 彭艳玲，孔荣. 收入质量及其对农户创业决策的影响研究 [J]. 农业技术经济，2019（12）：56～67.

[28] 罗永明，陈秋红. 家庭生命周期、收入质量与农村家庭消费结构 [J]. 中国农村经济，2020（8）：85～105.

[29] 南永清，臧旭恒. 社会网络影响了农村居民消费吗 [J]. 山西财经大学学报，2019（3）：1～15.

[30] 杨晶，罗守贵. 双重不确定性视角下农村居民消费的空间计量分析 [J]. 华中农业大学学报（社会科学版），2018（5）：94～102.

[31] 李锐，向海容. 不同类型的收入对农村居民消费的影响 [J]. 中国农村经济，2004（6）：9～24.

[32] 葛晓鳞，郭海昕. 影响农村消费的收入结构效应分析 [J]. 湖南大学学报（自然科学版），2010（6）：88～92.

[33] 李谷成，冯中朝. 中国农户消费——收入结构的实证分析 [J]. 农业技术经济，2004（6）：30～35.

[34] 姚星，杜艳，周茂. 中国城镇化、配套产业发展与农村居民消费拉动 [J]. 中国人口·资源与环境，2017（4）：41～48.

[35] 张红宇. 中国现代农业经济体的制度特征与发展取向 [J]. 中国农村经济，2018（1）：23～33.

[36] 蒋团标，张亚萍. 财政支农支出对农村居民消费升级的影响机理 [J]. 华东经济管理，2021（12）：1～9.

[37] 陈冲. 中国农村居民非均衡性的"锯齿状"消费路径分析 [J]. 经济体制改革，2012（6）：73～77.

[38] 李敬强，徐会奇. 收入来源与农村居民消费：基于面板数据的结论与启示 [J]. 经济经纬，2009（6）：107～110.

[39] 张秋慧，刘金星. 中国农村居民收入结构对其消费支出行为的影

响 [J]. 中国农村经济, 2010 (4): 48~54.

[40] 王健宇, 徐会奇. 收入性质对农民消费的影响 [J]. 中国农村经济, 2010 (4): 38~46.

[41] 储德银, 闫伟. 地方政府支出与农村居民消费需求 [J]. 统计研究, 2009 (8): 38~44.

[42] 祁毓. 不同来源收入对城乡居民消费的影响 [J]. 农业技术经济, 2010 (9): 45~55.

[43] 徐会奇, 王克稳. 影响居民消费的不确定性因素测量及其作用研究 [J]. 经济科学, 2013 (2): 88~96.

[44] 贺京同, 那艺. 调整支付支出结构提升居民消费满意 [J]. 南开学报 (哲学社会科学版), 2009 (2): 94~108.

[45] 孔东民. 前景理论、流动性约束与消费行为的不对称 [J]. 数量经济与技术经济研究, 2005 (4): 134~142.

[46] 李香菊, 付昭煜. 促进我国居民消费扩大和升级的税收政策研究 [J]. 税务研究, 2020 (11): 17~22.

[47] 沈坤荣, 谢勇. 不确定性与中国城镇居民储蓄率的实证研究 [J]. 金融研究, 2012 (3): 1~13.

[48] 王健宇. 收入不确定性的测算方法研究 [J]. 统计研究, 2010 (9): 58~64.

[49] 万光华, 张茵. 流动性约束、不确定性与中国居民消费 [J]. 经济研究, 2001 (11): 35~45.

[50] 易行健, 王俊海, 易君健. 预防性储蓄动机强度的时序变化与地区差异——基于中国农村居民的实证研究 [J]. 经济研究, 2008 (2): 119~131.

[51] 杜海韬, 邓翔. 流动性约束和不确定性状态下的预防性储蓄研究——中国城乡居民的消费特征分析 [J]. 经济学 (季刊), 2005 (1): 297~316.

[52] 朱信凯, 骆辰. 消费函数的理论逻辑与中国化: 一个文献综述

[J]. 经济研究, 2010 (1): 140~153.

[53] 陈彦斌. 形成双循环新发展格局关键在于提升居民消费与有效投资 [J]. 经济评论, 2020 (6): 11~15.

[54] 李春琦, 张杰平. 中国人口结构变动对农村居民消费的影响研究 [J]. 中国人口科学, 2009 (6): 14~22.

[55] 徐亚东, 张应良. 城乡收入差距对农村居民消费的影响: "抑制效应" 还是 "示范效应" [J]. 农村经济, 2021, (8): 18~28.

[56] 李文星, 徐长生. 中国人口年龄结构和居民消费 [J]. 经济研究, 2008 (7): 118~128.

[57] 汪伟. 经济增长、人口结构变化与中国高储蓄率 [J]. 经济学季刊, 2009 (9): 29~53.

[58] 李响, 王凯. 人口年龄结构与农村居民消费 [J]. 江海学刊, 2010 (2): 91~98.

[59] 徐小君, 刘欣瑶. 中国居民消费与收入的长短期非对称性动态关系 [J]. 华侨大学学报 (哲学社会科学版), 2020 (4): 84~96.

[60] 郑长德. 中国各地区人口结构与储蓄率关系的实证研究 [J]. 人口与经济, 2007 (6): 1~11.

[61] 康书隆, 余海跃, 刘越飞. 住房公积金、购房信贷与家庭消费——基于中国家庭追踪调查数据的实证研究 [J]. 金融研究, 2017 (8): 67~82.

[62] 尉高师, 雷明国. 求解中国消费之谜 [J]. 管理世界, 2003 (3): 17~22.

[63] 陈池波, 张攀峰. 新型社会保障、收入类型与农村居民消费——基于截面数据的经验分析 [J]. 经济管理, 2012 (2): 175~182.

[64] 杨天宇, 王小婷. 我国社会保障支出对居民消费行为的影响研究 [J]. 探索, 2007 (5): 63~66.

[65] 王晓霞, 孙华臣. 社会保障支出对消费需求影响的实证研究 [J]. 东岳论丛, 2008 (6): 47~50.

[66] 吴庆田，陈孝光．农村社会保障消费效应的协整分析与误差修正模型［J］．统计与决策，2009（8）：79～80.

[67] 张晓芳．我国政府财政支出对宏观经济及消费的效应研究——基于异质性消费的 DSGE 模型［J］．河北经贸大学学报，2020（4）：7～15.

[68] 魏勇，杨孟禹．收入结构、社会保障与城镇居民消费升级［J］．华东经济管理，2017（3）：90～99.

[69] 张治觉，吴定玉．我国财政社会保障对居民消费产生引致还是挤出效应［J］．消费经济，2010（3）：67～69.

[70] 段景辉，黄丙志．我国社会保障支出对居民消费需求的影响研究［J］．财经论丛，2011（3）：44～49.

[71] 张恒龙，姚其林．基于城乡居民消费行为分析视角的扩大内需研究［J］．求是学刊，2020（1）：62～74.

[72] 石明明，江舟，周小焱．消费升级还是消费降级［J］．中国工业经济，2019（7）：42～60.

[73] 钟成林．城乡居民收入差距对于居民的消费示范效应影响研究——基于 GMM 方法的实证分析．上海经济研究，2015（12）：105～114.

[74] 张喜艳，刘莹．经济政策不确定性与消费升级［J］．经济学家，2020（11）：82～92.

[75] 兰永生．财政支农支出对农村居民消费的影响分析——基于经济周期的视角［J］．财政研究，2015（3）：11～15.

[76] 王小华，温涛，韩林松．习惯形成与中国农民消费行为变迁：改革开放以来的经验验证［J］．中国农村经济，2020（1）：7～35.

[77] 黄凯南，郝祥如．数字金融是否促进了居民消费升级？［J］．山东社会科学，2021（1）：117～125.

[78] 杨伟明，粟麟，孙瑞立，袁伟鹏．数字金融是否促进了消费升级？——基于面板数据的证据［J］．国际金融研究，2021（4）：13～22.

[79] 姜百臣，马少华，孙明华．社会保障对农村居民消费行为的影响

机制分析 [J]. 中国农村经济, 2010 (11): 32~39.

[80] 陈冲. 农村金融发展与农村经济增长——一个动态演化分析视角. 经济与管理, 2012 (10): 19~24.

[81] 马艾, 向自强, 徐合帆, 余家凤. 财政支农支出对农民消费影响的区域差异研究 [J]. 统计与决策, 2020 (3): 75~78.

[82] 苟兴朝, 张斌儒, 杨继瑞. 乡村振兴视角下地方政府财政支农支出对农户固定资产投资的挤入效应研究——基于2007-2016年中国省级面板数据的实证 [J]. 青海社会科学, 2019 (4): 91~98.

[83] 刘纯彬, 陈冲. 影响农村居民消费行为的收入结构效应分析——基于我国1997~2009年面板数据的实证检验 [J]. 天府新论, 2011 (4): 43~48.

[84] 王兴华. 居民消费行为异质性视角下商贸流通业发展的门槛效应研究 [J]. 商业经济研究, 2020 (23): 33~36.

[85] 谢文, 吴庆田. 农村社会保障支出对农村居民消费的影响的实证研究 [J]. 财经理论与实践, 2009 (6): 27~32.

[86] 张娜. 我国农村社会保障对农村居民消费影响的实证分析 [J]. 天津农业科学, 2016 (2): 76~80.

[87] 张东玲, 陈景帅, 王保贵. 区域异质性: 财政支农与农村居民消费——基于泰尔指数和区域面板的经验数据分析 [J]. 农林经济管理学报, 2018 (1): 36~44.

[88] 余永定, 李军. 中国居民消费函数的理论与验证 [J]. 中国社会科学, 2000 (1): 123~133.

[89] 叶海云. 试论流动性约束、短视行为与我国消费需求疲软的关系 [J]. 经济研究, 2000 (11): 39~44.

[90] 金晓彤, 蔡玉成, 董直庆. 中国城镇居民间歇式周期性波动的消费行为 [J]. 吉林大学社会科学学报, 2007 (11): 121~125.

[91] 尉高师, 雷明国. 求解消费之谜 [J]. 管理世界, 2003 (3): 17~22.

[92] 齐红倩，李志创．我国农村金融发展对农村消费影响的时变特征研究 [J]．农业技术经济，2018（3）：110~121.

[93] 何宗樾，宋旭光．数字金融发展如何影响居民消费 [J]．财贸经济，2020（8）：65~79.

[94] 姜洋．"锯齿周期"消费模型与中国居民消费行为分析 [J]．现代经济探讨，2009（6）：17~21.

[95] 朱信凯，杨顺江．中国农户短视消费行为分析 [J]．中国农村观察，2001（6）：17~22.

[96] 祝仲坤．互联网技能会带来农村居民的消费升级吗？——基于CSS2015 数据的实证分析 [J]．统计研究，2020（9）：68~81.

[97] 胡坚，钱宥妮．中国消费者短视行为的理论与实证研究 [J]．山西财经大学学报，2005（4）：5~10.

[98] 王谦，李超，侯建国．我国财政支农支出对农村居民消费的影响效应——基于 1995—2015 年分省面板数据的实证分析 [J]．经济与管理评论，2017（6）：104~111.

[99] 毛其淋．地方政府财政支农支出与农村居民消费——来自中国 29 个省市面板数据的经验证据．经济评论，2011（5）：86~97.

[100] 温涛，王汉杰．政府财政金融支农投入有效启动了农村消费吗？[J]．吉林大学社会科学学报，2017（1）：31~40.

[101] 王娜，张磊．拉动农村居民消费的财政支持机制研究 [J]．价格理论与实践，2016（2）：135~137.

[102] 纪园园，宁磊．收入差距对消费升级的区域差异性研究 [J]．社会科学，2020（10）：53~66.

[103] 孔祥利，周晓峰．城镇化率区域差异对农村居民消费结构的影响 [J]．西北大学学报（哲学社会科学版），2021（3）：54~68.

[104] 曹立，薛世斌．新发展格局视阈下释放农村居民消费潜力研究 [J]．新视野，2021（6）：13~19.

[105] Keynes, J. M.. The General Theory of Employment, Interest and Money, Macmillan and Co. , 1936.

[106] Friedman M. A theory of the consumption function. Princeton: Princeton University Press, 1957.

[107] Hall, Robert E.. Stochastic Implications of the Life-Cycle Permanent Income Hypothesis: Theory and Evidence, Journal of Political Economy, 1978, 86: 971 –987.

[108] Flavin, Marjorie A.. The Adjustment of Consumption to Changing Expectations about Future Income, Journal of Political Economy, 1981, 89: 974 –1009.

[109] Kuznets, Simon. "National Income and Taxable Capacity National Income and Taxable Capacity. " American Economic Review, 1942, 32: 37 –75.

[110] Deaton, Angus. Saving and Liquidity Constraints, Econometrica, 1991, 59: 1221 –1248.

[111] Blinder. Distribution effects and the aggregate consumption function. The journal of political economics, 1975, 3: 447 –475.

[112] Modigliani, F. and Brumberg, R.. Utility Analysis and the consumption function: An interpretation of cross section data. Rugers University Press, 1954.

[113] Ando, A. and Modigliani, F.. The life-cycle hypothesis of saving: Aggregate implication and tests, American economic review, 1963, 3: 55 –84.

[114] Friedman Milton. A theory of the consumption function. The Princeton unicersity press, 1957.

[115] Campbell J. Y. , N. G.. Mankew. The response of consumption to income: A cross-country investigation. European economic review, 1991, 35: 723 –767.

[116] Karen E. Dynan. How prudent are consumers? . The journal of political economy, 1993, 101: 1104 –1113.

[117] Carrol & Samwick. The nature of precautionary wealth. Journal of monetary economics, 1997, 40: 41 –71.

[118] Zeldes, Stephen P.. Consumption and liquidity constraints: An empirical investigation. Journal of Political economy, 1989, 97: 305 – 346.

[119] Zeldes, Stephen P.. Optimal consumption with stochastic income: Deviations from certainty equivalence. Quarterly journal of economics, 1989, 104: 275 – 298.

[120] Sandmo Agnar. The effect of uncertainty on saving decisions. Review of economic studies, 1970, 37: 353 – 360.

[121] Altonji, Joseph G., Aloysius Siow. Testing the response of consumption to income changes with panel data. Quarterly Journal of economics, 1987, 102: 293 – 328.

[122] Hayashi, Fumio. The effect of liquidity consteaints on consumption: A cross-sectional analysis. Quarterly Journal of economics, 1985, 100: 183 – 206.

[123] Kyeongwon Yoo & John Giles. Precautionary behavior and household consumption and savings decisions: An empirical analysis using household panel data from rural China. Preliminary draft prepared for NEUDC2002.

[124] Hall Robert E.. Stochastic implication of the life cycle-permanent income hypotheses: Theory and evidence. Journal of Political economy, 1978, 96: 971 – 987.

[125] Hall Robert E., F. Mishkin. The sensitivity of consumption to transitory income: Estimate from panal data on households. Econometrica, 1982, 50: 461 – 481.

[126] Shea J.. Union contracts and the life permanent-income hypothesis. American economic review, 1995, 85: 186 – 200.

[127] Shea J.. Myopia, Liquidity constraints, and aggregate consumption: A simple test. Journal of money, credit and banking, 1995, 27: 798 – 805.

[128] Kahneman D., Tversky A.. Prospect theory: An anolysis of decision under risk. Econometrica, 1979, 47: 263 – 292.

[129] Thaler R.. Toward a positive theory of consumer choice. Journal of eco-

nomic behavior and organization, 1980, 1: 39 – 60.

［130］Angus Deaton. Understanding consumption. Oxford Clarendon press, 1992.

［131］Caballero R. J. Consumption Puzale and precaution saving. Journal of monetary economics, 1990, 25: 113 – 116.

［132］Caballero R. J. Earnings uncertainty and aggregate wealth accumulation. American economic review, 1991, 81: 859 – 871.

［133］Guiso L, Jappelli T, Terlizzese D. Earning uncertainty and precartionary saving. Journal of monetary economics, 1992, 30: 307 – 337.

［134］Guiso L, Jappelli T, Terlizzese D. Income risk, borrowing constraints and portfolio choice. Amecican economic review, 1996, 86: 158 – 172.

［135］Skinner J. Risk income, life cycle consumption, and precautionary savings. Journal of monetary economics, 1988, 22: 237 – 255.

［136］Falvin M. A.. The adjustment of consumption to changing expectations about future income. Journal of political economy, 1981, 89: 974 – 1009.

［137］Hubbard R. Glenn, Jonathan Skinner, Steven Zeldes. Precautionary saving and social insurance. Journal of political economy, 1995, 103: 360 – 399.

［138］Bradley K. Wilson. The aggregate existence of precautionary saving: Time-series evidence from expenditures on nondurable and durable goods. Journal of macroecnomics, 1998, 20: 309 – 323.

［139］Hayne E. Leland. Saving and uncertainty: The precautionary demand for saving. The quarterly journal of economics, 1968, 82: 465 – 473.

［140］A. Sandmo. The effect of uncertainty on saving decisions. The review of economic studies, 1970, 37: 353 – 360.

［141］Christopher D Carroll. Precautionary saving and the marginal propensity to consume out of permanent income. Journal of monetary economics, 2009, 56: 780 – 790.

［142］Christopher D. Carroll. How does future income affect current consumption?. The quarterly journal of economics, 1994, 109: 111 – 147.

[143] Christopher D. Carroll. The buffer-stock theory of saving: Some macroeconomic evidence. Brookings papers on economic activity, 1992, 2: 61 – 156.

[144] Christopher D. Carroll. Buffer-stock saving and the life cycle/permanent income hypothesis. NBER working paper No. 5788, 1996.

[145] Christopher D. Carroll, Andrew Samwick. The nature of precautionary wealth. Journal of monetary economics, 1997, 40: 41 – 71.

[146] Christopher D. Carroll, Andrew Samwick. How important is precautionary saving?. Review of economics and statistics, 1998, 80: 410 – 471.

[147] Cutler, David M., Lawrence F. Katz. Macroeconomic performance and the disadvantaged. Brookings papers on economic activity, 1991, 2: 1 – 61.

[148] Dynarski S., Jonathan Gruber. Can families smooth variable earnings?. Brookings papers on economic activity, 1997, 1: 229 – 303.

[149] Dynarski S., Jonathan Gruber. Can families smooth variable earnings?. Brookings papers on economic activity, 1997, 1: 229 – 303.

[150] Miles S. Kimball. Precautionary saving in the small and in the large. Econometrica, 1990, 58: 53 – 73.

[151] Miles S. Kimball. Precautionary saving and the marginal propensity to consume. National bureau of economic research working paper, No. 3403.

[152] Kuehlwein, Michael. A test for the presence of precautionary saving. Economics letters, 1997, 57: 319 – 326.

[153] Leonard J, Mirman. Uncertainty and optimal consumption decisions. Econometrica, 1971, 39: 179 – 185.

[154] John D. Hey & Valentino Dardanoni. Optimal consumption under uncertainty: An experimental investigation. The economic journal, 1988, 98: 105 – 116.

[155] Mark Baker & David Orsmond. Household consumption trends in China. Bulletin march quarter 2010.

［156］ Marcos chamon, Kai Liu & Eswar Prasad. Income Uncertainty household savings in China. IMF Working paper, 2010.

［157］ Marcos D. Chamon & Eswar S. Prasad. Why are saving rates of urban households in China rising? . Amercican economic journal: Macroeconomics, 2010, 2: 93 – 130.

［158］ Orazio P. Attanasio. Consumption. Handbook of macroeconomics. 1999.

［159］ Guonan Ma & Wang Yi. China's high saving rate: Myth and reality. International economics, 2010, 122: 5 – 40.

［160］ Pedro Albarran & Cemfi. Income uncertainty and precautionary saving: Evidence from household ratating panel data. Working paper No. 0008, 2000.

［161］ Browning & Lusardi. Household saving: Micro theories and micro facts. Journal of economic literature, 1996, 34: 1797 – 1855.

［162］ Juotsna Jalan & Martin Ravallion. Behavioral responses to risk in rural china. Journal of development economics, 2001, 66: 23 – 49.

［163］ Mark Skidmore. Risk, natural disaters and household saving in a life cycle model. Japan and the world economy, 2001, 13: 15 – 34.

［164］ Louis Eeckhoudt, Harris Schlesinger. Changes in risk and the demand for saving. Cesifo working paper NO, 2388, 2010.

［165］ Pierre – Olivier Gourinchas, Jonathan A. Parker. Consumption over the life cycle. Econometrica, 2002, 70: 47 – 89.

［166］ Duo Qin. Determinatants of household savings in China and their role in quasi-money supply. Economics of transition, 2003, 11: 513 – 537.

［167］ R. Glenn Hubbard, Jonathan Skinner, Stephen P. Zeldes. Expanding the life-cycle modle: Precautionary saving and public policy. The American economics review, 1994, 84: 174 – 179.

［168］ Aart Kraay. Household saving in China. The world bank economic review, 2000, 14: 545 – 570.

［169］ Chow, G.. A model of Chinese national income determination. Journal of political economy, 1985, 93: 782 – 792.

［170］ Leff, Nathaniel, Kazuo Sato. A simultaneous-equations model of savings in developing countries. Journal of political economy, 1975, 83: 1217 – 1228.

［171］ Jonathan Morduch. Income smoothing and consumption smoothing. The journal of economics perspectives, 1995, 9: 103 – 114.

［172］ Annamaria Lusardi. On the importance of the precautionary saving motive. The American economics review, 1998, 88: 449 – 453.

［173］ Annamaria Lusardi. Precautionary saving and subjuctive earnings variance. Economics letters, 1997, 57: 319 – 326.

［174］ Gary Chamberlain, Charles A. Wilson. Optimal intertemporal consumption under uncertainty. Review of the economics dynamics, 2000, 3: 365 – 395.

［175］ Kyeongwon Yoo, John Giles. Precautionary behavior and household consumption and savings decisions: An empirical analysis using household panel data from rural China. Preliminary draft prepared for NEUDC, 2002.

［176］ Alessandra Guariglia. Saving behaviour and earnings uncertainty: Evidence from the British Household Panel survey. Journal of population economics, 2001, 14: 619 – 634.

［177］ Mariger, RandallP. , Kathryn Shaw. Unanticipated aggregate disturbances and tests of the life-cycle consumption model using panel data. Review of economics and statistics, 1993, 75: 48 – 56.

［178］ Normandin, Michael. Precautionary saving: An explanation for excess sensitivity of consumption. Journal of business and economic statistics, 1994, 12: 205 – 219.

［179］ Romer, Christina. The great crash and the onset of the great depression. Quarterly journal of economics, 1990, 105: 597 – 624.

［180］ Schechtman, Jack. An income fluctuation problem. Journal of economics theory, 1976, 12: 218 – 241.

[181] Schechtman, Jack. An income fluctuation problem. Journal of economics theory, 1976, 12: 218 – 241.

[182] Hansen Lars P. , Kenneth J. Singleton. Stochastic consumption, risk aversion, and the temporal behavior of asset returens, 1983, 41: 249 – 265.

[183] Angus Deaton. Saving and liquidity constraints. Econometrica, 1991, 59: 1221 – 1248.

[184] F. H. Hahn. Saving and Uncertainty, The review of economic studies, 1970, 37: 21 – 24.

[185] Rodepeter, Ralf, Winter. Savings decisions under life-time and earnings uncertainty. SFB 504, 1998.

[186] Campbell, Mankiw N. J.. Consumption, income and interest rates: reinterpreting the time series evidence. MIT press: NBER macroeconomics annual, 1989.

[187] Pierre-Olivier Gourinchas, Jonathan A. Parker. The empirical importance of precautionary saving. Aea papers and proceedings, 2001, 91: 406 – 412.

[188] Pierre-Olivier Gourinchas, Jonathan A. Parker. The empirical importance of precautionary saving. Aea papers and proceedings, 2001, 91: 406 – 412.

[189] Xin Meng. Unemployment, consumption smoothing, and precautionary saving in urban China. Journal of comparative economics, 2003, 31: 465 – 485.

[190] Yingyi Qian. Urban and rural household saving in China. Staff papers-international monetary fund, 1988, 35: 592 – 627.

[191] Charles Yuji Horioka, Wako Watanabe. Why do people save? A Micro-analysis of motives for household saving in Japan. The economic journal, 1997, 107: 537 – 552.

[192] Charles Yuji Horioka, Wako Watanabe. Why do people save? A Micro-analysis of motives for household saving in Japan. The economic journal,

1997, 107: 537 - 552.

[193] Charles Yuji Horioka, Junmin Wan. The determinants of household saving in China: A dynamic panel analysis of provincial data. Discussion paper No. 156, 2007.